Moving Forward
Salir Adelante

Praise for this book

Reconocimiento

'This is a beautiful piece of work, highlighting not only the vulnerability of women, but also their resilience against the odds and their fierce protection of their children and families. This book should serve as a powerful reminder to all involved in migration policymaking of the importance of taking account of women's experiences, in all their complexity.'

Professor Heaven Crawley, Head, Equitable Development and Migration, United Nations University - Centre for Policy Research; Director, UKRI GCRF South-South Migration, Inequality and Development Hub (MIDEQ)

'Este es un trabajo hermoso, que destaca no solo la vulnerabilidad de las mujeres, sino también su resiliencia contra las adversidades y la feroz protección de sus hijos y familias. Este libro debería servir como un poderoso recordatorio para todos los involucrados en la formulación de políticas migratorias sobre la importancia de tener en cuenta las experiencias de las mujeres, en toda su complejidad.'

Profesora Heaven Crawley, Directora, Desarrollo Equitativo y Migración, Universidad de las Naciones Unidas - Centro de Investigación de Políticas; Directora, UKRI GCRF Centro de Migración Sur-Sur, Desigualdad y Desarrollo (MIDEQ)

'The photographs and testimonies in this book are moving and profound. Moving Forward is an invitation to see forced displacement and the struggle for equal rights through the eyes of displaced women and is also a call to make their journeys and their lives more visible.'

Leiza Brumat, Eurac Research

"Las fotografías y los testimonios de este libro son conmovedores y profundos. Salir Adelante es una invitación a comprender el desplazamiento forzado y la lucha por la igualdad de derechos a través de los ojos de las mujeres desplazadas así como también un llamado a hacer visibles sus caminos y sus vidas."

Leiza Brumat, Eurac Research

Moving Forward
Health, care, and violence seen through the eyes of displaced Venezuelan women in Brazil

Salir Adelante
La salud, el cuidado y la violencia vistos a través de los ojos de venezolanas desplazadas en Brasil

Pía Riggirozzi, Bruna Curcio, Tallulah Lines, Natalia Cintra

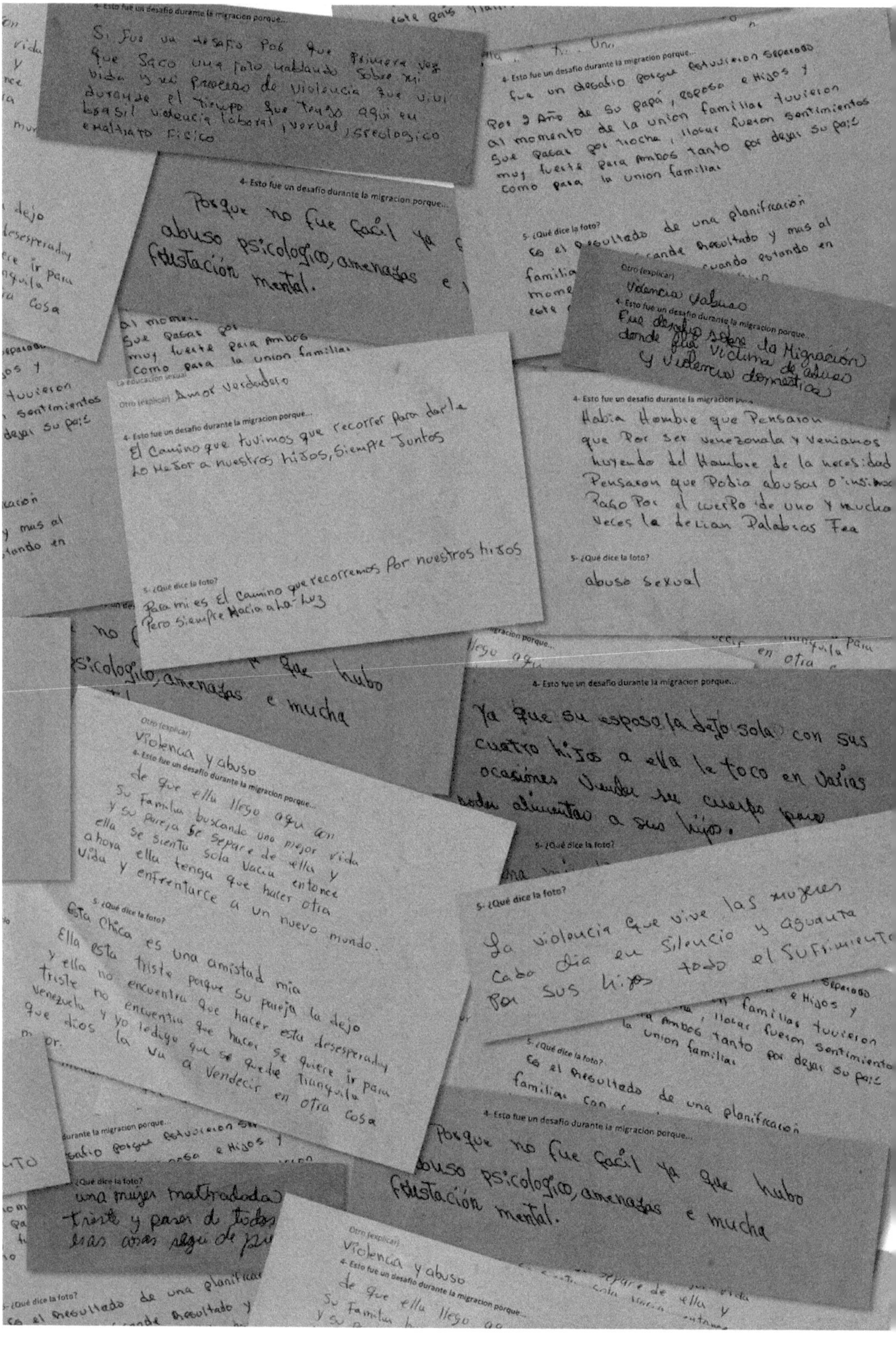

Card 1 (top left):
Si fue un desafio por que primera vez que saqué una foto hablando sobre mi vida y mi proceso de violencia que viví durante el tiempo que tengo aqui en Brasil violencia laboral, verbal, psicologico e maltrato fisico

Card 2 (top right):
4- Esto fue un desafio durante la migracion porque...
Por 3 Años de su papá, esposa e hijos y al momento de la union familiar tuvieron que pasar por mucho llorar fueron sentimientos muy fuerte para ambos tanto por dejar su pais como para la union familiar

5- ¿Qué dice la foto?
Es el resultado de una planificación

Card 3:
Porque no fue facil ya que hubo abuso psicologico, amenazas e festación mental.

Card 4:
Otro (explicar) Violencia y abuso
4- Esto fue un desafio durante la migracion porque...
Fue desafio sesera la migración donde fue victima de abuso y violencia domestica

Card 5:
Otro (explicar) Amor verdadero
4- Esto fue un desafio durante la migracion porque...
El camino que tuvimos que recorrer para darle lo mejor a nuestros hijos, siempre juntos

5- ¿Qué dice la foto?
Para mi es el camino que recorremos por nuestros hijos pero siempre hacia a la luz

Card 6:
4- Esto fue un desafio durante la migracion porque...
Habia hombre que pensaron que por ser venezolana y veniamos huyendo del hombre de la necesidad pensaron que podia abusar o insinuar pago por el cuerpo de uno y muchas veces la decian palabras fea

5- ¿Qué dice la foto?
abuso sexual

Card 7:
Otro (explicar) Violencia y abuso
4- Esto fue un desafio durante la migracion porque...
de que ella llegó aqui con su familia buscando una mejor vida y su pareja se separa de ella ella se siento sola vacia entonce ahora ella tenga que hacer otra vida y enfrentarce a un nuevo mundo.

Card 8:
4- Esto fue un desafio durante la migracion porque...
Ya que su esposo la dejó sola con sus cuatro hijos a ella la tocó en varias ocasiones vender su cuerpo para poder alimentar a sus hijos.

Card 9:
5- ¿Qué dice la foto?
La violencia que vive las mujeres cada dia en silencio y aguanta por sus hijos todo el sufrimiento

Card 10:
5- ¿Qué dice la foto?
Esta chica es una amistad mía y ella esta triste porque su pareja la dejo y ella no encuentra que hacer esta desesperada venezuela y yo le digo que se quiere ir para que dios la vá a bendecir en otra cosa

Card 11 (bottom):
una mujer matratada triste y pasar de todos esas años seguir de pu...

Dedicated to all migrant women and girls.

Dedicado a todas las mujeres y niñas migrantes.

Published by Practical Action Publishing Ltd
and Latin America Bureau

Practical Action Publishing Ltd
25 Albert Street, Rugby,
Warwickshire, CV21 2SG, UK
www.practicalactionpublishing.com

Latin America Bureau (Research & Action) Ltd
Enfield House, Castle Street, Clun, Shropshire, SY7 8JU, UK
www.lab.org.uk

© Pía Riggirozzi, Bruna Curcio, Tallulah Lines, Natalia Cintra, 2023

ISBN 978-1-90901-431-2 Paperback
ISBN 978-1-90901-432-9 Hardback
ISBN 978-1-90901-433-6 Electronic book

Riggirozzi, P., Curcio, B., Lines, T., Cintra, N., (2023) *Moving Forward: Health, care, and violence seen through the eyes of displaced Venezuelan women in Brazil*, Rugby, UK: Practical Action Publishing and Latin America Bureau,
http://doi.org/10.3362/9781909014336.

This open access publication is created under a Creative Commons Attribution Non-commercial No-derivatives CC BY-NC-ND licence. This allows the reader to copy and redistribute the material, but appropriate credit must be given, the material must not be used for commercial purposes, and if the material is transformed or built upon the modified material may not be distributed. For further information see https://creativecommons.org/licenses/by-nc-nd/4.0/legalcode

A catalogue record for this book is available from the British Library. The authors have asserted their rights under the Copyright Designs and Patents Act 1988 to be identified as authors of this work.

Since 1974, Practical Action Publishing has published and disseminated books and information in support of international development work throughout the world. Practical Action Publishing is a trading name of Practical Action Publishing Ltd (Company Reg. No. 1159018), the wholly owned publishing company of Practical Action. Practical Action Publishing trades only in support of its parent charity objectives and any profits are covenanted back to Practical Action (Charity Reg. No. 247257, Group VAT Registration No. 880 9924 76).

Latin America Bureau (Research and Action) Limited is a UK registered charity (no. 1113039). Since 1977 LAB has been publishing books, news, analysis, and information about Latin America, reporting consistently from the perspective of the region's poor, oppressed or marginalized communities, and social movements. In 2015 LAB entered into a publishing partnership with Practical Action Publishing.

The views and opinions in this publication are those of the authors and do not represent those of Practical Action Publishing Ltd or its parent charity Practical Action, nor those of Latin America Bureau. Reasonable efforts have been made to publish reliable data and information, but the authors and publishers cannot assume responsibility for the validity of all materials or for the consequences of their use.

The authors and the publishers have used their best efforts to secure permissions for the use of all text and images in this book.

Cover photos shows 'Por los hijos siempre habrá luz' /
'For Our Children There Will Always Be Light'
Cover photo credit: Royra. Cover design by Katarzyna Markowska,
Practical Action Publishing.
Typeset by vPrompt eServices, India

Contents

About the authors — viii
Las autoras

Acknowledgements — xii
Agradecimiento

List of acronyms — xvi
Lista de acrónimos

Introduction — 2
Introducción

Chapter 1:

Self-care and caring for others — 14
Cuidar de sí y de los demás

Chapter 2:

Gendered forms of violence — 52
Formas de violencia de género

Chapter 3:

Barriers to sexual and reproductive healthcare — 94
Barreras a los servicios de salud sexual y reproductiva

Concluding remarks and way forward — 140
Conclusiones y camino a seguir

Afterword — 148
Epílogo

Behind-the-scenes photos — 154
Detrás de las cámaras

Endnotes — 160
Notas finales

Bibliography — 162
Bibliografía

About the authors

Las autoras

ABOUT THE AUTHORS

Pía Riggirozzi is Professor of Global Politics at the University of Southampton, UK. Her research focuses on the political economy of development, human rights, and regional governance in Latin America. She is currently working on research projects regarding gendered health inequalities, poverty, and the challenges of inclusive development in Latin America, funded by the Economic and Social Research Council and the Medical Research Council in the UK. Pía is Principal Investigator in the project 'Redressing Gendered Health Inequalities of Displaced Women and Girls in Contexts of Protracted Crisis in Central and South America, (ReGHID). She has published on these topics in New Political Economy, Development and Change, Review of International Studies, and Economy and Society, amongst others. Information about Pía's projects and publications can be found at http://www.southampton.ac.uk/politics/about/staff/pr6g09.page

Bruna Curcio is a communicologist and independent photographer and filmmaker. She graduated in Social Communication with a specialization in Cinema from Santa Fe University of Arts and Design, USA. Currently based in Amazonas, Brazil, she was the local coordinator for photovoice methodology on the ReGHID project and also directed the book's documentary 'Moving Forward'. Bruna designs, produces and manages audiovisual projects. Her work promotes the audiovisual as a tool for sharing culture and knowledge, disseminating information, promoting social inclusion, and protecting the environment. More information can be found at http://www.brunacurcio.com

Tallulah Lines is a Research Associate for the ReGHID project. She is based in the Department of Politics at the University of York where she is also a PhD candidate. Her PhD deals with art created as part of women's collective action against gender-based violence in Mexico. Prior to starting her PhD, Tallulah completed her Master's by Research in Women's Studies and a Master's in Social Research at the University of York. Tallulah's research interests include feminism and gender in Latin America, critical art, social movements, and human rights. She

Pía Riggirozzi es Profesora de Política Internacional en la Universidad de Southampton, Reino Unido. Su investigación se centra en la economía política del desarrollo, los derechos humanos, y la integración regional en América Latina. Actualmente trabaja en proyectos de investigación sobre desigualdades de género en salud, pobreza, y desarrollo inclusivo en América Latina, financiados por el Consejo de Investigación Económica y Social, y el Consejo de Investigación Médica del Reino Unido. Pía es investigadora principal en el proyecto "Reparando las desigualdades de género en salud de las mujeres y niñas desplazadas en contextos de crisis en América Central y del Sur" (ReGHID). Ha publicado sobre estos temas en New Political Economy, Development and Change, Review of International Studies, y Economy and Society, entre otros. Puede encontrar información sobre sus proyectos y publicaciones en http://www.southampton.ac.uk/policy/about/staff/pr6g09.page

Bruna Curcio es comunicóloga, fotógrafa documental y cineasta independiente. Se graduó en Comunicación Social con especialización en Cine de la Santa Fe University of Arts and Design, Estados Unidos. Actualmente radicada en Amazonas, Brasil, trabajó como coordinadora local de la metodología fotovoz en el proyecto ReGHID y también dirigió el documental homónimo del proyecto, 'Salir Adelante'. Bruna diseña, produce y gestiona proyectos audiovisuales. Su trabajo se centra en los medios audiovisuales como herramienta para compartir la cultura y el conocimiento, para difundir información, promover la inclusión social y proteger el medio ambiente. Puede encontrar más información en http://www.brunacurcio.com

Tallulah Lines es investigadora asociada del proyecto ReGHID. Trabaja en el Departamento de Política de la Universidad de York, donde también es candidata al doctorado. Su doctorado trata sobre el arte creado por mujeres como parte de su acción colectiva contra la violencia de género. Antes de comenzar su doctorado, Tallulah completó su Maestría en Investigación en

is particularly interested in using creative and participatory methodologies in her research. Tallulah has lived and worked between the UK and Latin America since 2015, participating in activist and art projects and co-founding the feminist art collective Las Iluministas.

Natalia Cintra is a Research Fellow on the ReGHID project in the School of Economics, Social and Political Science of the University of Southampton. PhD in Law from PUC-Rio, her research focuses on migration, asylum, race, gender, human rights, and citizenship and belonging with respect to refugee and migrant communities in Latin America. She adopts Critical Race, Antiblackness, Feminist, Postcolonial, and Decolonial approaches and has expertise in qualitative methodologies. Prior to starting her role at the University of Southampton, Dr Natalia held legal roles in non-profit organizations in the UK and Brazil regarding the rights of refugees and migrants in these countries. She also held academic positions in research and teaching in several institutions and projects in Latin America and is a member of different research and professional networks for the rights of refugees and migrants.

Estudios de la Mujer y una Maestría en Investigación Social en la Universidad de York. Los intereses de investigación de Tallulah incluyen el feminismo y el género en América Latina, el arte crítico, los movimientos sociales y los derechos humanos. Está particularmente interesada en la utilización de las metodologías creativas y participativas en sus investigaciones. Tallulah ha vivido y trabajado entre el Reino Unido y América Latina desde el 2015, participando en proyectos artísticos y activistas como la co-fundación de la colectiva de arte feminista Las Iluministas.

Natalia Cintra *es investigadora postdoctoral en el proyecto ReGHID en la Facultad de Ciencias Económicas, Sociales y Políticas de la Universidad de Southampton. Doctora en Derecho por PUC-Rio, su investigación se centra en la migración, el asilo, la raza y el género, los derechos humanos, la ciudadanía y la pertenencia con respecto a las comunidades de refugiados y migrantes en América Latina. Tiene experiencia en metodologías cualitativas. Antes de su puesto en la Universidad de Southampton, ocupó cargos legales en organizaciones sin fines de lucro en el Reino Unido y Brasil en relación con los derechos de las personas refugiadas y migrantes en estos países. También ocupó cargos académicos en investigación y docencia en varias instituciones y proyectos en América Latina y es miembro de diferentes redes de investigación y profesionales por los derechos de las personas refugiadas y migrantes.*

Acknowledgements
Agradecimiento

ACKNOWLEDGEMENTS

This book is the result of collective action. It is a reflection of shared contemplation of and passionate advocacy for the human rights of refugee and migrant women and girls. We have been touched by the many situations of the various Venezuelan women and girl migrants we have met over the course of this project. We have learned from them about love, faith, and survival, and their positive outlook on the future, despite the challenges and hardships they face in their everyday lives as women and as migrants. We have been invited into their lives and they have shared with us their deeply moving life stories, hopes, and concerns, for which we are immensely grateful. We hope that this book, which is part of the larger project 'Redressing Gendered Health Inequalities of Displaced Women and Girls in Contexts of Crisis in Central and South America' (ReGHID), will contribute to improving their situations and those of many migrants now and in the years to come.

We are also indebted to co-investigators on the ReGHID project Professor Zeni Lamy at the Universidade Federal do Maranhão (Brazil); Professor Maria Do Carmo Leal at the Fiocruz Foundation, Rio de Janeiro (Brazil); Rita Bacuri at the Fiocruz Foundation, Manaus (Brazil); and especially to Adriana Rodriguez, a migrant from Central America herself and a committed and dedicated member of the community who is helping many other migrants in Brazil. Their support in the design of the methodology, in accessing shelters, and in contacting the migrant women and girls was central to the development of this project. We are grateful to the coordinators at the shelters Casa de Acolhimento Tarumã Açú II and Serviço de Acolhimento Institucional Para Adultos e Famílias SAIAF Coroado, as well as the Associação Hermanitos – a non-governmental organization working with and campaigning for the rights of Venezuelan migrants – for facilitating a space and resources for us to conduct interviews and focus groups with participants in this project. Finally, we express our thanks to Professor David Owen (University of Southampton) and Jean Grugel (University of York) for their useful and insightful comments and

Como todo proyecto colaborativo, este libro es el resultado de una acción colectiva. Es un reflejo genuino del pensamiento compartido y la defensa apasionada de los derechos humanos de las mujeres y niñas refugiadas y migrantes. Nos han conmovido varias de las muchas situaciones de mujeres y niñas migrantes venezolanas que hemos conocido. Hemos aprendido de ellas sobre el amor, la esperanza y la persistencia, y sobre su visión positiva del futuro a pesar de los desafíos y las dificultades que enfrentan en su vida cotidiana, como mujeres y como migrantes. Hemos sido invitadas a ver sus vidas, hemos compartido historias de vida, esperanzas e inquietudes profundamente conmovedoras por lo que estamos inmensamente agradecidas. Esperamos que este libro, que es parte de un proyecto más grande llamado Reparando las desigualdades de género en salud de las mujeres y niñas desplazadas en contextos de crisis en América Central y del Sur (ReGHID, por su sigla en inglés), contribuya a mejorar sus circunstancias y las de muchas migrantes, ahora y en el futuro.

También estamos en deuda con las co-investigadoras del proyecto ReGHID: Profesora Zeni Lamy, de la Universidad Federal do Maranhão (Brasil); Profesora Maria Do Carmo Leal, de la Fundación Fiocruz, Rio de Janeiro (Brasil); Rita Bacuri en la Fundación Fiocruz, Manaus (Brasil); y muy especialmente con Adriana Rodríguez, una migrante de Centroamérica y una persona comprometida y dedicada con de la comunidad que ayuda a muchas otras migrantes en Brasil. Su apoyo en el diseño de la metodología y el acceso a los albergues y a las mujeres y niñas migrantes fue central para el desarrollo de este proyecto. Agradecemos a los coordinadores de los albergues Casa de Acolhimento Tarumã Açú II y Serviço de Acolhimento Institucional Para Adultos e Famílias SAIAF Coroado, así como a la Associação Hermanitos, una organización no gubernamental que trabaja con las migrantes venezolanas y en apoyo a sus derechos que facilitó espacio y recursos para la realización de entrevistas y grupos focales con los participantes de este

MOVING FORWARD

suggestions that greatly helped in improving the clarity of the book. Our thanks also to Luiz Almeida for his help designing the first prototype and to Claudia Drake for her administrative and translation support.

This work and the ReGHID project was made possible by the financial support of the Economic and Social Research Council (ESRC) [grant number ES/T00441X/1].

Thanks also to the Friends of LAB patrons for their support: Jon Barnes, Alistair Clark, Malcolm Coad, Paul Garner, Ivette Hernandez, David Lehmann, Elizabeth Lethbridge, Mandy Macdonald, Sophie M., Nick Parker, David Raby, Alison Ribeiro de Menezes, Bert Schouwenburg, Rachel Sieder, Lewis Spence, Pat Stocker, Nick Terdre, and David Treece.

SALIR ADELANTE

proyecto. Finalmente, deseamos expresar especialmente nuestro agradecimiento al Profesor David Owen (Universidad de Southampton) y la Profesora Jean Grugel (Universidad de York) por sus comentarios y sugerencias que ayudaron enormemente a mejorar la claridad del libro. También nuestro agradecimiento a Luiz Almeida por el diseño de la primera versión del prototipo y a Claudia Drake por el apoyo administrativo y de traducción.

Este trabajo y el proyecto ReGHID fueron posibles gracias al apoyo financiero del Consejo de Investigación Económica y Social (ESRC) [número de subvención ES/T00441X/1].

Gracias a los Amigos de LAB por su apoyo: Jon Barnes, Alistair Clark, Malcolm Coad, Paul Garner, Ivette Hernandez, David Lehmann, Elizabeth Lethbridge, Mandy Macdonald, Sophie M., Nick Parker, David Raby, Alison Ribeiro de Menezes, Bert Schouwenburg, Rachel Sieder, Lewis Spence, Pat Stocker, Nick Terdre, y David Treece.

List of acronyms
Lista de acrónimos

LIST OF ACRONYMS

CONARE – National Committee for Refugees

ESRC – Economic and Social Research Council

Fiocruz – Fundação Oswaldo Cruz

IOM – International Organization for Migration

NGO – non-governmental organization

OHCHR – Office of the High Commissioner for Human Rights

R4V – Regional Inter-Agency Coordination Platform for Venezuelan Migrants

ReGHID – Redressing Gendered Health Inequalities of Displaced Women and Girls in Contexts of Protracted Displacement in Central and South America

SDG – Sustainable Development Goals

PAHO – Pan-American Health Organization

UNFPA – United Nations Population Fund

UNHCR – United Nations High Commissioner for Refugees

ACNUDH – Alto Comisionado de las Naciones Unidas para los Derechos Humanos

ACNUR – Alto Comisionado de las Naciones Unidas para los Refugiados

CONARE – Comité Nacional para los Refugiados

ESRC – Consejo de Investigación Económica y Social

Fiocruz – Fundação Oswaldo Cruz

ODS – Objetivo de Desarrollo Sostenible

OIM – Organización Internacional para las Migraciones

ONG – Organizaciones no gubernamentales

OPS – Organización Panamericana de la Salud

R4V – Plataforma Regional de Coordinación Interagencial para los Migrantes Venezolanos

ReGHID – Reparando las desigualdades de género en salud de las mujeres y niñas desplazadas en contextos de crisis en América Central y del Sur

UNFPA – Fondo de Población de las Naciones Unidas

Introduction

Introducción

INTRODUCTION

By December 2022, nearly 7 million displaced Venezuelans were living elsewhere in Latin America, with the fifth highest number crossing to Brazil (R4V, 2022).

The political, economic, human rights, and humanitarian crisis in Venezuela has created a mix of factors that cause Venezuelans to leave the country. Severe shortages of medicine, medical supplies, and food have made it extremely difficult for many to be able to fulfil their most basic needs. According to the International Rescue Committee (2022), a third of the population of Venezuela – that is, 9.3 million people – suffered acute food insecurity as of 2019; 14 per cent of all children under the age of five in Venezuela suffered from global acute malnutrition; and 57 per cent of pregnant women were malnourished. As a consequence, poverty, hunger, and a crumbling health system have pushed many Venezuelans to neighbouring countries.

Migratory flows from Venezuela have changed in recent years, with more and more women and girls leaving the country than ever before (CARE International, 2020). There are a myriad of complex and intersecting personal and political reasons that drive the difficult decision (or indeed, the necessity) to migrate. The risks faced throughout the process of travelling and settling are manifold.

For all migrants, vulnerabilities heighten during and because of displacement, but what becomes ever clearer is that situations of displacement are not gender-neutral. The photos and testimonies in this book show how migrant women and adolescent girls face particular risks due to struggles with self-care and caring for their families, gendered violence, and sexual and reproductive health. These three issues are interconnected. Often, migrant women and girls face a disproportionate burden of caring for others and an absence of adequate gender-sensitive care and protection for themselves, which in turn places them in situations of insecurity and emotional and physical harm. In this book, we examine these issues with a focus on forced migrants;

En diciembre de 2022, más de 7 millones de personas venezolanas desplazadas vivían en otras partes de América Latina, siendo Brasil un importante país de acogida (R4V, 2022).

La crisis política, económica, humanitaria y de derechos humanos en Venezuela ha creado una mezcla de factores que hacen que los venezolanos y las venezolanas abandonen el país. La grave escasez de medicamentos, suministros médicos y alimentos ha hecho que sea extremadamente difícil para muchas personas poder satisfacer sus necesidades más básicas. Según el International Rescue Committee (2022), un tercio de la población de Venezuela, es decir, 9,3 millones de personas, ha sufrido inseguridad alimentaria aguda desde 2019; el 14 por ciento de los niños y niñas menores de cinco años en Venezuela sufrieron desnutrición aguda; y el 57 por ciento de las mujeres embarazadas están desnutridas. Como consecuencia, la pobreza, el hambre y el desmoronamiento del sistema de salud han empujado a muchos venezolanos a los países vecinos.

Los flujos migratorios desde Venezuela han cambiado en los últimos años, y más y más mujeres y niñas que como nunca abandonan el país (CARE International, 2020). Hay una miríada de razones personales y políticas complejas e intersecciónales que impulsan la difícil decisión (o, de hecho, la necesidad) de migrar. Los riesgos a los que se enfrentan a lo largo del proceso de viaje y asentamiento son múltiples.

Para todas las personas migrantes, las vulnerabilidades aumentan durante y debido al desplazamiento, pero lo que se vuelve cada vez más claro es que las situaciones de desplazamiento no son neutrales en cuanto al género. Las fotos y testimonios de este libro muestran cómo las mujeres y las adolescentes migrantes enfrentan riesgos particulares relacionados con el autocuidado y el cuidado de sus familias, la violencia de género y la salud sexual y reproductiva. Estas tres cuestiones están interconectadas. A menudo, las mujeres y niñas migrantes se enfrentan a una carga

women and adolescent girls displaced in the South-South migratory corridor from Venezuela to Brazil.

Migration, and forced migration in particular, is a social determinant of health, particularly sexual and reproductive health, and of other intersecting inequalities. Women and girls forced to flee are at heightened risk of rape, trafficking, and sexual assault, as well as other forms of abuse and discrimination. Yet safeguarding the right to health for all, and in particular for women and girls on the move and in places of temporary or permanent abode, is still a major challenge. What's more, the material, physical, and emotional costs of caring, especially in the insecure, sometimes frightening, and threatening environments that migrant women and girls navigate, also affect their health and wellbeing in displacement, as well as their opportunities for integration in societies of abode. Receiving information, access, and holistic attention relating to safety networks, protection, and sexual and reproductive healthcare supports the realization of their human rights – in all stages of their journey and settlement. In practice, however, women and girls' needs and rights are repeatedly deprioritized, ignored, or denied.

For many forced migrants, situations of vulnerability, dependency, and irregularity while on the move and in settlement have been made even more desperate since the onset of the Covid-19 pandemic, due to further border closures and decreased access to asylum and legal permits upon settlement. Given that the driving forces of migration did not disappear with the pandemic (in many cases, they intensified), more women may migrate undocumented in the hope of finding better jobs, seeking health services, supporting family left behind, and/or finding protection from rights violations in their country of origin, amongst other reasons. Barriers to regular migration, exacerbated by Covid-19, have contributed to the rendering invisible of some women and girls and the challenges they face. Consequently, policy responses to migration have been liable to marginalize gendered harms and therefore fail to effectively address them.

desproporcionada del cuidado de otras personas y hay una falta de atención y protección adecuadas para ellas, lo que a su vez las coloca en situaciones de inseguridad y en riesgo de daños emocionales y físicos. En este libro, examinamos estos temas enfocándonos en las migrantes forzadas; mujeres y adolescentes desplazadas en el corredor migratorio Sur-Sur de Venezuela a Brasil.

La migración y, en particular, la migración forzada es un determinante de la salud, especialmente de la salud sexual y reproductiva, y de otras desigualdades relacionadas. Las mujeres y niñas obligadas a huir corren un mayor riesgo de sufrir violación, trata de personas y agresión sexual, así como otras formas de abuso y discriminación. Sin embargo, salvaguardar el derecho a la salud para todas las personas, y en particular para las mujeres y niñas durante el desplazamiento y en lugares de residencia temporal o permanente, sigue siendo un desafío importante. Además, los costos (materiales, físicos y emocionales) del cuidado, especialmente en los entornos inseguros, a veces aterradores y amenazantes que atraviesan las mujeres y niñas migrantes, también afectan su salud y bienestar, así como sus oportunidades de integración en las sociedades de acogida. Recibir información, acceso y una atención holística relacionada con redes de protección, seguridad y atención médica, sobre todo sexual y reproductiva, debe ser parte del apoyo a la realización de sus derechos humanos, en cada etapa de su viaje y asentamiento. En la práctica, sin embargo, las necesidades y los derechos de las mujeres y niñas son repetidamente relegados a un segundo plano, ignorados o negados.

Para muchas migrantes forzadas, las situaciones de vulnerabilidad, dependencia e irregularidad mientras están migrando y en la etapa del asentamiento se han vuelto aún más desesperadas desde el inicio de la pandemia de Covid-19, debido al cierre adicional de fronteras y al menor acceso a asilo y a permisos legales de asentamiento. Dado que los factores que motivan la migración no desaparecieron con la pandemia (en muchos casos, se intensificaron), más mujeres migran

INTRODUCTION

Marginalized, invisibilized migrant women and girls are less likely to find appropriate and timely information concerning their sexual and reproductive health rights, to access or be given access to resources that respond to their healthcare needs and rights, and to be able to find opportunities to communicate their experiences and priorities to service providers and decision makers in ways that support effective policy delivery on the ground. In this context, migrant women and adolescents are forced to make choices to respond to and cope with risks they face due to their gender or their migration status, and because of gaps in protection systems. These desperate choices may result in them assuming further risks to their health, wellbeing, and their dignity more broadly, as shown in this book.

What is striking is the tenacious hope for a better and safer life for oneself and one's family that drives many women and adolescent girls to migrate, and to seek and create mechanisms of survival.

While there is growing scholarship and an increasing number of official reports documenting the inherently gendered nature of migration and health risks, there is still insufficient attention placed on displaced women and girls' sexual and reproductive health needs in transit and in places of abode, as well as how they account for their experience of coping and survival, including facing challenges relating to care during migration and in settlement. Furthermore, while migration and protection of migrants have emerged as central themes in a range of international and national governance agendas – led to a large extent by the Global Compact for Safe, Orderly and Regular Migration, the Global Compact on Refugees, and the Sustainable Development Goals (SDGs) – more needs to be done to understand and act to redress the gendered inequalities and health consequences during and because of (forced) migration.

Listening to migrant women and adolescent girls is an essential part of redressing gendered inequalities and harms. The photos,

indocumentadas con la esperanza de encontrar mejores trabajos y servicios de salud, apoyar a la familia que se queda atrás y/o encontrar protección contra las violaciones de sus derechos en su país de origen, entre otras razones. Las barreras a la migración regular, exacerbadas por el Covid-19, han contribuido a invisibilizar a (muchas) mujeres y niñas y a los desafíos a los que se enfrentan. En consecuencia, las respuestas políticas a la migración han sido susceptibles de marginar los riesgos y daños de género y, por lo tanto, no han sido abordados de manera efectiva.

Las mujeres y niñas migrantes marginadas e invisibilizadas tienen menos probabilidades de encontrar información apropiada y oportuna sobre sus derechos en cuanto a la salud sexual y reproductiva, acceder a recursos que puedan responder a sus necesidades y derechos de atención médica, y encontrar oportunidades para comunicar sus experiencias y prioridades a los proveedores de servicios y los responsables de la toma de decisiones de forma que apoye la implementación efectiva de políticas en el terreno. En este contexto, las mujeres y adolescentes migrantes se ven obligadas a tomar decisiones para responder a los riesgos que enfrentan, debido a su género o su condición migratoria y a las brechas en los sistemas de protección. Estas elecciones, muchas veces desesperadas, pueden hacer que asuman aún más riesgos para su salud, su bienestar y su dignidad en general, como se ilustra en este libro.

Lo que llama la atención es la tenaz esperanza de una vida mejor y más segura para ellas y su familia, que impulsa a muchas mujeres y adolescentes a migrar, y a buscar y crear mecanismos de supervivencia.

Si bien hay un mayor conocimiento y cada vez más informes oficiales que documentan la naturaleza inherente de género de la migración y los riesgos para la salud, todavía no se presta suficiente atención a las necesidades de salud sexual y reproductiva de las mujeres y niñas desplazadas en tránsito y en los lugares de residencia, así como a la forma en que explican su experiencia

testimonies, and research underpinning this book thus aim to give a voice to migrant women and girls, and to compile and share their knowledge, experiences, and depictions of gender-specific risks and hazards associated with the mode and duration of travel; legal status; policies; and the infrastructure of protection, sheltering, and health services.

This task is central to the goals of the international, interdisciplinary research project Redressing Gendered Health Inequalities of Displaced Women and Girls in Contexts of Protracted Displacement in Central and South America (ReGHID), which supports the research laid out in this book.

ReGHID is funded by the Economic and Social Research Council (ESRC) in the United Kingdom and led by the University of Southampton (UK) in conjunction with the University of York (UK), FLACSO (El Salvador), Federal University of Maranhão (Brazil), Fundação Oswaldo Cruz (Brazil), and Universidad de los Andes (Colombia). ReGHID's overarching objective is to understand how migration impacts on the sexual and reproductive health and wellbeing of migrant women and adolescent girls, and to recall from female migrants themselves what their main needs are, in order to ensure their sexual and reproductive health, ability to safely care for themselves and others, and to live a life free from gendered violence while in displacement and in places of abode.

The Brazilian context

Brazil has an established history of migration policy and of protection of migrants and refugees. It has ratified most international conventions for protecting the rights of migrants and refugees since the 1951 Geneva Convention, and broadened refugee rights and protection in the regional framework of the 1984 Cartagena Declaration (Jubilut, 2007; Brumat and Freier, 2020). The 1988 Constitution also states a range of fundamental rights while the National

de supervivencia, incluida la necesidad de enfrentar desafíos relacionados con la atención de salud durante la migración y en el asentamiento. Además, si bien la migración y la protección de las personas migrantes se han convertido en temas centrales de agendas internacionales y nacionales, lideradas en gran medida por el Pacto Mundial para una Migración Segura, Ordenada y Regular, el Pacto Mundial sobre Refugiados y los Objetivos de Desarrollo Sostenible (ODS), se necesita hacer más para comprender y actuar a fin de corregir las desigualdades de género y las consecuencias para la salud durante y debido a la migración (forzada).

Es esencial escuchar a las mujeres y adolescentes migrantes. Las fotografías, los testimonios y la investigación que sustentan este libro tienen como objetivo dar voz a las mujeres y niñas migrantes, y recopilar y compartir sus conocimientos, experiencias y representaciones en cuanto a los riesgos y peligros específicos de género asociados con el modo y la duración del viaje, su situación legal, las políticas y la infraestructura de protección, refugio y servicios de salud.

Esta tarea es fundamental para los objetivos del proyecto internacional de investigación interdisciplinaria Redressing Gendered Health Inequalities of Displaced Women and Girls in Contexts of Protracted Displacement in Central and South America *(ReGHID), que apoya las actividades de investigación recopiladas en este libro.*

ReGHID está financiado por el Consejo de Investigación Económica y Social (ESRC) en el Reino Unido y dirigido por la Universidad de Southampton (Reino Unido) en cooperación con la Universidad de York (Reino Unido), FLACSO (El Salvador), la Universidad Federal de Maranhão (Brasil), la Fundação Oswaldo Cruz (Brasil) y la Universidad de los Andes (Colombia). Su objetivo general es comprender cómo la migración impacta en la salud sexual y reproductiva y el bienestar de las mujeres y adolescentes migrantes, y escuchar de las propias migrantes cuáles son sus principales necesidades, a fin de

INTRODUCTION

Committee for Refugees (CONARE) – a tripartite body comprising government, the United Nations High Commissioner for Refugees (UNHCR), and civil society – was established with the responsibility of examining asylum claims (Araujo, 2021). In 2014, Brazil committed to include refugees, asylum-seekers, and stateless persons in the national social protection programmes under the 'Framework for Cooperation and Regional Solidarity to Strengthen the International Protection of Refugees, Displaced and Stateless Persons in Latin America and the Caribbean'.

In June 2019, three years after significant inflows of Venezuelans to Brazil, the Brazilian government classified Venezuela as a country in a situation of 'serious violation of human rights'. The move was framed under Brazilian Refugee Law, which adapted the 1984 Cartagena Declaration. It allowed Venezuelans a legal pathway to be accepted by the Brazilian government as refugees with the corresponding protection entitlements. Furthermore, under the Brazilian universal public health system, set by constitutional law, nationals and non-nationals are granted equal access to healthcare regardless of migration status (Guerra and Ventura, 2017).

This would all suggest that Brazil has responded positively to the need to care for the huge influx of Venezuelan refugees in recent years. Indeed, having established temporary residency for incoming Venezuelans as of 2017, and recognizing Venezuelans as refugees from late 2019, the Brazilian government has set an unprecedented example of a seemingly welcoming programme that has allowed Venezuelans to settle with different sets of legal permits, depending on their particular situation.

In Brazil, the main entry point for migrants coming from Venezuela is the state of Roraima, at the northern border. This also makes Roraima, particularly the cities of Boa Vista and Pacaraima, a main place for settling, even if temporarily. It is estimated that 10 per cent of the local population

garantizar su salud sexual y reproductiva, la capacidad de cuidar de sí mismas y de los demás, y de vivir una vida libre de violencia de género durante el desplazamiento y en el lugar de residencia.

El contexto brasileño

Brasil tiene una larga y establecida trayectoria de política migratoria y de protección de personas migrantes y refugiadas. Ha ratificado la mayoría de las convenciones internacionales para la protección de los derechos de los migrantes y refugiados desde la Convención de Ginebra de 1951, y ha ampliado los derechos y la protección de las personas refugiadas en el marco regional de la Declaración de Cartagena de 1984 (Jubilut, 2007; Brumat y Freier, 2020). La Constitución del 1988 también establece una serie de derechos fundamentales, mientras que el Comité Nacional para los Refugiados (CONARE), un organismo tripartito compuesto por el gobierno, el Alto Comisionado de las Naciones Unidas para los Refugiados (ACNUR) y la sociedad civil, se estableció con el fin de examinar las solicitudes de asilo (Araujo 2021). En 2014, en el 'Marco de cooperación y solidaridad regional para fortalecer la protección internacional de refugiados, desplazados y apátridas en América Latina y el Caribe', Brasil se comprometió a incluir a las personas refugiadas solicitantes de asilo y apátridas en los programas nacionales de protección social.

En junio del 2019, tres años después del comienzo de importantes flujos migratorios de venezolanos y venezolanas a Brasil, el gobierno brasileño clasificó a Venezuela como un país en situación de 'grave violación de los derechos humanos'. La medida fue enmarcada bajo la Ley de Refugiados de Brasil, que adaptó la Declaración de Cartagena del 1984. Esto otorgó a los venezolanos y las venezolanas un camino legal para ser aceptados por el gobierno brasileño como refugiados con los correspondientes derechos de protección. Además, bajo el sistema de salud pública universal brasileño, establecido por la

in these cities are Venezuelan migrants (Doocy et al, 2019). Such rapid population increase became a local challenge since the state of Roraima is deemed as one of the least developed regions in the country. Local public services became increasingly scarce after the sudden and steady arrival of Venezuelans. This situation has manifested in pressures on, and limitations to, access to basic services such as healthcare, and even in xenophobia and discrimination against newcomers (Moulin and Magalhães, 2020).

The establishment of Operation Welcome (*Operação Acolhida* in Portuguese) was essential for supporting local services in Roraima and was widely regarded as an example of 'good practice' in migration governance (Jubilut and Silva, 2020). It is a federal interagency operation that brought together the Brazilian Armed Forces, the national health system, and multilateral actors such as UNHCR, International Organization for Migration (IOM), and local non-governmental organizations to provide shelter and healthcare. Operation Welcome established several shelters in Boa Vista and Pacaraima to host Venezuelan migrants, as well as temporary overnight spaces for unsheltered migrants available in both Boa Vista and Manaus' bus stations. The main task of Operation Welcome is 'to receive, identify, screen, vaccinate, and relocate Venezuelans in need' (Oliveira, 2019). Such a complex initiative widened Venezuelan migrants' accessibility to essential services, especially the provision of healthcare and housing, thereby supporting basic rights of non-nationals.

Despite such impressive achievements and their overall distinctiveness and progressive nature, these provisions of support and protection have not been enough. Human rights violations are part of the everyday experience for many Venezuelan migrants. Homelessness, for instance, persists and has increased since 2021. In Pacaraima, numbers of Venezuelans living on the streets increased by over 200 per cent. (Mello, 2021). Local shelters have been at full capacity and unable to provide housing

ley constitucional, los nacionales y no nacionales tienen igual acceso a la atención médica independientemente de su estatus migratorio (Guerra y Ventura 2017).

Todo esto sugeriría que Brasil ha respondido adecuadamente a la necesidad de atender la enorme afluencia de refugiados y refugiadas provenientes de Venezuela en los últimos años. De hecho, al haber otorgado residencia temporal a un número significativo de entrantes a partir de 2017 y reconocido a los venezolanos como refugiados desde fines de 2019, el gobierno brasileño ha establecido un ejemplo sin precedentes de un programa aparentemente acogedor que ha permitido a estas personas establecerse con diferentes conjuntos de permisos legales, dependiendo de su situación particular.

En Brasil, el principal punto de entrada para los migrantes procedentes de Venezuela es el estado de Roraima, en la frontera Norte, lo que también hace que este estado, particularmente las ciudades de Boa Vista y Pacaraima, sea el lugar principal para establecerse, aunque sea temporalmente. Se estima que el 10 por ciento de la población local en estas ciudades son migrantes venezolanos (Doocy et al, 2019). Este rápido aumento de la población se convirtió en un desafío local, ya que el estado de Roraima se considera una de las regiones menos desarrolladas del país. Tras la repentina y constante llegada de venezolanos, los servicios públicos locales se volvieron cada vez más limitados. Esta situación se ha manifestado en presiones sobre los servicios de salud y limitaciones a su acceso, e incluso en xenofobia y discriminación contra los recién llegados (Moulin y Magalhães, 2020).

El establecimiento de la Operación Acogida (Operação Acolhida *en portugués) fue esencial para apoyar a los servicios locales en Roraima y fue ampliamente reconocido como un ejemplo de "buena práctica" en la gobernanza de la migración (Jubilut y Silva, 2020). Fue una operación interinstitucional federal que reunió a las Fuerzas Armadas de Brasil, el sistema nacional de salud y*

INTRODUCTION

to incoming Venezuelans. Access to healthcare in Roraima has also been heavily impacted by increased demand. There are also under-resourced shelters, which lack the physicians, nurses, and psychological support that are needed in border towns and places of settlement.

This book makes these situations visible, leading with and learning from migrant women and girls' perspectives by shedding light on their experiences, emotions, and responses regarding challenges of care, violence, and sexual and reproductive health.

The women

For the women who took part in this research, their experiences during the migration journey and in settlement are intertwined with profound gender inequalities experienced beforehand. As Sara Ahmed (2017:4) so eloquently observes, 'a story always starts before it can be told.' In effect, in Venezuela, as in numerous countries, many women and girls have been caught in vicious long-term spirals of vulnerability, violence, poverty, deprivation, and misogyny which contribute to their decisions to migrate (CARE International, 2020).

Gendered challenges exist on a continuum: during displacement and upon settlement forcibly displaced women and girls face challenges that leave them especially vulnerable to unfair, unsafe, and unequal relationships of power, with limited or no access to protection or support networks. As many Venezuelan women and girls explained through their photographs and testimonies, the journey to Brazil includes a series of cruel and humiliating conditions imposed by *trocheros* (smugglers), and exploitation and abuse by others who take advantage of their isolation, poverty, and irregular legal status in many ways. Most of their journeys are irregular in the sense that they do not cross through official pathways because they are closed, because the women do not have the necessary documents or resources, or

actores multilaterales como el ACNUR, la Organización Internacional para las Migraciones (OIM) y organizaciones no gubernamentales locales para proporcionar refugio y atención médica. Operación Acogida *estableció varios refugios en Boa Vista y Pacaraima para recibir a migrantes venezolanos, así como espacios temporales para migrantes sin refugio disponibles en las estaciones de autobuses de Boa Vista y Manaos. La tarea principal de Operación Acogida es "recibir, identificar, detectar, vacunar y reubicar a venezolanos y venezolanas en situación de necesidad" (Oliveira, 2019). Tal compleja iniciativa amplió el acceso de los migrantes venezolanos a los servicios esenciales, especialmente la provisión de atención médica y vivienda, apoyando así los derechos básicos de los no nacionales.*

A pesar de estos logros y de su singularidad y carácter progresivo, estas disposiciones de apoyo y protección no han sido suficientes. Las violaciones de los derechos humanos son parte de la experiencia cotidiana de muchos migrantes venezolanos. La falta de vivienda, por ejemplo, persiste y ha aumentado desde el 2021. En Pacaraima, aumentó más del 200 por ciento el número de personas venezolanas que viven en las calles (Mello, 2021). Los refugios locales han estado a plena capacidad y no han podido proporcionar vivienda a los que llegan. El acceso a la atención médica en Roraima también se ha visto muy afectado por el aumento de la demanda. Además, los refugios que son necesarios en las ciudades fronterizas y los lugares de asentamiento cuentan con escasos recursos, carecen de médicos, enfermeras y apoyo psicológico.

Este libro visibiliza estas situaciones, liderando con las mujeres y niñas migrantes y aprendiendo de sus perspectivas al arrojar luz sobre sus experiencias, emociones y respuestas a los desafíos en cuanto a la atención, la violencia y la salud sexual y reproductiva.

both. Journeys prior to pandemic-induced border closures, for example, were less dangerous and generated less need for *trocheros*. Once in places of temporary or permanent abode, there are new challenges and barriers to adequate access to protection and healthcare services for female migrants, particularly those lacking official documentation (Makuch et al., 2021; CARE International, 2020).

The deeply personal interpretations presented in this book demonstrate the tangible impact of gendered political, economic, and structural violence on the everyday lives of migrant women and adolescent girls. They also show that there is much work to be done to safeguard migrants' rights and particularly ensure that women and girls receive safe, appropriate, and comprehensive sexual and reproductive healthcare and live a life free from poverty and violence.

The photobook

The images and testimonies included in this book were provided by migrant women and adolescent girls who were invited to participate in the ReGHID project. We showcase these photographs and testimonies not simply to raise awareness, but above all as a call for policy action to redress the many risks, harms, and barriers that stop migrants in general – and forced migrant women and girls in particular – from enjoying the rights, dignity, and respect they are entitled to.

We asked the women and girls who took part in the project to take pictures of and then reflect upon their experiences of challenges to sexual and reproductive health during their migration journey. It was through this open question that experiences of care, violence, and access to medicalized healthcare emerged. The photographs and testimonies contained in this volume are organized into three sections which reflect these three different but interconnected themes, demonstrating – and indeed,

Las mujeres

Para las mujeres que participaron en esta investigación, sus experiencias durante el viaje migratorio y en el asentamiento están entrelazadas con profundas desigualdades de género. Como Sara Ahmed (2017: 4) observa tan elocuentemente, 'una historia siempre comienza antes de que pueda ser contada'. En efecto, en Venezuela, como en muchos países, mujeres y niñas se han visto atrapadas en círculos viciosos a largo plazo de vulnerabilidad, violencia, pobreza, privación y misoginia, que han contribuido a sus decisiones de migrar (CARE International, 2020).

Los desafíos de género existen en un continuo: durante el desplazamiento y en el asentamiento, las mujeres y niñas forzosamente desplazadas enfrentan retos que las dejan especialmente vulnerables a relaciones de poder injustas, inseguras y desiguales, con acceso limitado o nulo a redes de protección o apoyo. Como explicaron muchas mujeres y niñas venezolanas a través de sus fotografías y testimonios, el viaje a Brasil incluye una serie de condiciones crueles y humillantes impuestas por trocheros (contrabandistas), y la explotación y el abuso por parte de otros que se aprovechan, de muchas maneras, de su aislamiento, pobreza y estatus legal irregular. La mayoría de sus viajes son irregulares en el sentido de que no cruzan por los caminos oficiales por que se encuentran cerrados o porque no tienen los documentos o recursos necesarios, o por ambas razones Por ejemplo, viajes previos al cierre de las fronteras debido a la pandemia eran menos peligrosos y había menos necesidad de trocheros. Una vez en lugares de residencia temporal o permanente, existen nuevos desafíos y barreras en cuanto al acceso adecuado a los servicios de protección y salud para las mujeres migrantes, particularmente aquellas que carecen de documentación oficial (Makuch et al. 2021; CARE International, 2020).

Las historias profundamente personales presentadas en este libro demuestran el impacto tangible de la violencia política,

INTRODUCTION

problematizing – the juxtaposition of everyday politics with the very personal coping mechanisms of the participants. They also challenge the top-down or medicalized conception of sexual and reproductive health we are accustomed to encountering in policy documents.

The first section focuses on the challenges of caregiving and self-care as experienced by displaced women and adolescent girls. Throughout this research project, caregiving, for children or for the elderly, in Brazil or for those left behind, has been a central topic of Venezuelan migrants' narratives. Women's desire to 'salir adelante', or get ahead, for their children and their families' benefit – or simply for the opportunity to live a new and dignified life – motivates women to overcome many of the everyday challenges they face. At the same time, a lack of emotional and financial support, coupled with precarious conditions of displacement such as irregular legal status and language barriers, presents several challenges that are damaging to women's physical and emotional wellbeing. The challenge that many migrant women face is that in order to fulfill caring responsibilities, a duty taken on mainly by women and girls, many ignore their own health and wellbeing, prioritizing others over themselves. At the same time, children are witnesses of the frustrations, sadness, and in many cases ill health of their mothers or female carers.

The second part of the book focuses on gender-based violence. Participants identified either witnessing or experiencing first-hand sexual, physical, and psychological violence as a prominent and persistent challenge. This sometimes began in their home country; at other times it occurred in contexts of displacement. The photographs and testimonies emphasize not only the high incidences of violence, but also its deeply negative and long-lasting impact on the health and wellbeing of women and their children. Participants identified how vulnerabilities related to poverty and lack of access to economic opportunities are interlinked with situations of violence, exploitation, and harm.

económica y estructural de género en la vida cotidiana de las mujeres y adolescentes migrantes. También demuestran que hay mucho trabajo por hacer para salvaguardar los derechos de las personas migrantes y, en particular, para garantizar que las mujeres y las niñas reciban atención médica sexual y reproductiva segura, adecuada e integral y que vivan una vida libre de pobreza y violencia.

El fotolibro

Las imágenes y los testimonios incluidos en este libro fueron proporcionados por mujeres y adolescentes migrantes que fueron invitadas a participar en el proyecto ReGHID. Mostramos estas fotografías y testimonios no solo para crear conciencia, sino sobre todo como un llamado a la acción política para abordar los muchos riesgos, daños y barreras que impiden que los migrantes en general, y las mujeres y niñas migrantes forzadas en particular, disfruten y puedan ejercer sus derechos con dignidad y respeto.

Pedimos a las mujeres y niñas que participaron en el proyecto que tomaran fotografías y luego reflexionaran sobre sus experiencias de desafíos respecto a la salud sexual y reproductiva durante su viaje migratorio. Fue a través de esta pregunta abierta que surgieron como temas centrales las experiencias de cuidados, de violencia y de acceso a la atención médica. Las fotografías y los testimonios contenidos en este volumen están organizados en tres secciones que reflejan estos tres temas diferentes pero interconectados, demostrando —y de hecho problematizando— la yuxtaposición de las experiencias cotidianas con los mecanismos de respuesta. También cuestionan la concepción medicalizada de la salud sexual y reproductiva dominante en documentos de política.

La primera sección se centra en los desafíos del cuidado y el autocuidado

MOVING FORWARD

The final section of the photobook explores challenges to accessing sexual and reproductive healthcare, a complex and contradictory experience for many women and girls during migration and in settlement. While women's challenges to accessing healthcare services in Venezuela contrast with a generally positive experience in Brazil (given that in the latter the right to health is a constitutional entitlement for all), discrimination, lack of information, poor treatment, and obstetric violence or medical negligence are far too commonly experienced by migrant women and adolescent girls in Brazil. These situations are a barrier to migrant women's right to health.

The book closes with recommendations for policy and practice as a step to redress the various challenges and injustices faced by many forced migrant women and girls.

Through this book, we aim to ensure that the voices of displaced women and girls reach decision makers so that migrant women can receive the protection and support that is their human right. It is a call for those with power to actively listen to displaced women and girls and invest appropriate resources to provide conditions that support migrant women and girls' ability to shape, choose, and plan their sexual and reproductive health, and to guarantee dignified and fulfilled lives – not just survival – in full alignment with the human rights of all.

We want to extend our deepest and heartfelt thanks to the women and girls who trusted us and shared their personal stories so candidly with us. It was a privilege to hear these testimonies and see these photographs, and we hope we have done justice to the stories we were told and the women and girls who lived these experiences.

SALIR ADELANTE

que viven las mujeres y adolescentes desplazadas. A lo largo de este proyecto de investigación, el cuidado de niños o ancianos, en Brasil o de aquellos que se quedan atrás, ha sido un tema central de las narrativas de las migrantes venezolanas. El deseo de las mujeres de 'salir adelante', para el beneficio de sus hijos e hijas y sus familias, o simplemente para tener la oportunidad de vivir una vida nueva y digna, motiva a las mujeres a superar muchos de los desafíos cotidianos que enfrentan. Al mismo tiempo, la falta de apoyo emocional y financiero, junto con las condiciones precarias de desplazamiento, como la situación legal irregular y las barreras lingüísticas, presentan varios retos que son perjudiciales para el bienestar físico y emocional de las mujeres migrantes. Una dificultad que se enfrentan muchas de ellas es que, para cumplir con las responsabilidades de cuidado, un deber asumido principalmente por mujeres y niñas, muchas ignoran su propia salud y bienestar y priorizan la de los demás. Al mismo tiempo, los niños son testigos de las frustraciones, la tristeza y, en muchos casos, la mala salud de sus madres o cuidadoras.

La segunda parte del libro se centra en la violencia de género. Las participantes reconocieron presenciar o vivir violencia sexual, física y psicológica como un desafío prominente y persistente. Esto a veces comenzó en su país de origen. En otras ocasiones se produjo en contextos de desplazamiento. Las fotografías y los testimonios enfatizan no solo la alta incidencia de violencia, sino también su impacto profundamente negativo y duradero en la salud y el bienestar de las mujeres y sus hijos. Las participantes identificaron cómo las vulnerabilidades relacionadas con la pobreza y la falta de acceso a oportunidades económicas están interrelacionadas con situaciones de violencia, explotación y daño.

La sección final del fotolibro explora los desafíos para acceder a los servicios de salud sexual y reproductiva, una experiencia compleja y contradictoria para muchas mujeres y niñas durante la migración y en el asentamiento. Si bien los desafíos de

INTRODUCTION

las mujeres para acceder a los servicios de salud en Venezuela contrastan con una experiencia generalmente positiva en Brasil (dado que en este país el derecho a la salud es un derecho constitucional para todos), Las mujeres y adolescentes migrantes en Brasil experimentan con bastante frecuencia discriminación, falta de información, maltrato y violencia obstétrica o negligencia médica. Estas situaciones son una barrera para el derecho a la salud de las migrantes.

El libro concluye con recomendaciones de políticas y prácticas que puedan reparar los muchos desafíos e injusticias que enfrentan muchas mujeres y niñas migrantes forzadas.

A través de este libro, nuestro objetivo es garantizar que las voces de las mujeres y niñas desplazadas lleguen a los responsables de la toma de decisiones para que las mujeres migrantes puedan recibir protección y apoyo, que es su derecho humano. Es un llamado para que aquellos con poder escuchen activamente a las mujeres y niñas desplazadas e inviertan los recursos apropiados para proporcionar condiciones que apoyen la capacidad de las mujeres y niñas migrantes para adaptar, elegir y planificar su salud sexual y reproductiva, y para garantizar vidas dignas y plenas, no solamente la supervivencia, en plena conformidad con los derechos humanos de todas las personas.

Queremos extender nuestro más profundo y sincero agradecimiento a las mujeres y adolescentes que confiaron en nosotras y compartieron sus historias personales con tanta franqueza. Ha sido un privilegio escuchar estos testimonios y ver estas fotografías, y esperamos haber hecho justicia a las historias que relataron y a las mujeres y adolescentes que han vivido estas experiencias.

Self-care and caring for others

Cuidar de sí y de los demás

'Unconditional Love' by Royra. July, 2021. Manaus, Brazil

'Amor incondicional' por Royra. Julio de 2021. Manaos, Brasil

Gendered inequalities in caregiving

Desigualdades de género en la prestación de cuidados

The following photographs and testimonies represent some of the gendered challenges of caregiving in migration, told from the experiences of women engaged in a range of caregiving responsibilities. Many of the women who contributed to this book are primary and often sole caregivers to their children. Others care for elderly parents and/or other family members. Sometimes their dependents migrate with them and sometimes they remain in Venezuela. All of these situations engender different challenges for women.

Caregiving and self-care are affected by different forms of migration and by the availability of social support networks both during migration and in places of abode. Many Venezuelan women give their children's futures as a reason to migrate and to move forward despite the many risks and hardships they face during and because of displacement. Many of them travel alone with their children and, once they reach Brazil, struggle to find support to fulfil their caregiving duties and to care for themselves, especially in those cases where women are sole carers for their children.

What is most striking is the sacrificial nature of caregiving, where migrant women prioritize the health and wellbeing of others to the detriment of their own health and wellbeing. There is a dangerous imbalance between women's outgoing work in caring for their family, the home, and the community, and the incoming support they receive in return like emotional assistance, healthcare, or a salary. This imbalance poses risks to women's health and increases the likelihood of becoming trapped in a cycle of poverty. Both of these risks are exacerbated when a woman migrates and the ill health resulting from this can be both immediate and cumulative.

Frequently, the choices women make are determined by their sense of responsibility

Las siguientes fotografías y testimonios representan algunos de los desafíos de género con relación a la prestación de cuidados durante y como consecuencia de la migración, contados a partir de las experiencias de mujeres involucradas en una variedad de responsabilidades de cuidado. Muchas de las mujeres que contribuyeron a este libro son las principales y a menudo las únicas cuidadoras de sus hijos. Otras cuidan a padres ancianos y/u otros miembros de la familia. A veces sus dependientes migran con ellas y a veces se quedan en Venezuela. Todas estas situaciones generan diferentes desafíos para las mujeres.

El cuidado y el autocuidado se ven afectados por las diferentes formas de migración y por la disponibilidad de redes de apoyo social existentes tanto durante la migración como en los lugares de residencia. Muchas mujeres venezolanas consideran el futuro de sus hijos como una razón para migrar y seguir adelante a pesar de los muchos riesgos y dificultades que enfrentan durante y debido al desplazamiento. Muchas de ellas viajan solas con sus hijos y, una vez que llegan a Brasil, luchan por encontrar apoyo para cumplir con sus deberes de cuidado y cuidar de sí mismas, especialmente en aquellos casos en que son las únicas cuidadoras de sus hijos.

Lo que más llama la atención es la naturaleza sacrificial del cuidado, donde muchas veces las mujeres migrantes priorizan la salud y el bienestar de los demás en detrimento de los suyos propios. Existe un peligroso desequilibrio entre la necesidad de estas mujeres de salir a trabajar para el cuidado de su familia, el hogar y la comunidad, y el apoyo que reciben a cambio, ya sea como asistencia emocional, atención médica o un salario. Este desequilibrio plantea riesgos para su salud y aumenta el riesgo de que queden atrapadas en un ciclo de pobreza. Ambos riesgos se exacerban cuando una mujer migra y los problemas de salud resultantes pueden ser tanto inmediatos como acumulativos.

towards their children and their family. This directly applies to migrant women's experiences – influencing their motivations to migrate in the first place, as well as their decisions during transit, arrival, and settling.

For the women whose stories are contained within this book, a strong sense of love, responsibility, caregiving, and resignation intertwine along a continuum. For many, the profound love they feel for

Con frecuencia, las decisiones que toman las mujeres están determinadas por su sentido de responsabilidad hacia sus hijos y su familia. Las experiencias de las mujeres migrantes están marcadas por este sentido de responsabilidad, que influye en sus motivaciones para migrar en primer lugar, así como en sus decisiones durante el tránsito, la llegada y el asentamiento.

Para las mujeres cuyas historias se incluyen en este libro, un fuerte sentido de amor,

Migration and the unequal pressures for 'responsible' motherhood

La migración y las presiones desiguales por la maternidad 'responsable'

'This photo reflects my arrival in Brazil. Like many others here, I also travelled through the *trochas*[1] with my children. I had a hard time because I didn't have money to buy them food or to pay for the ticket.

'My photo is called "Strong mother", "Fighting mother". Me and many others here, we fight for our children, we came here to Brazil to give our children a better future, since in Venezuela we didn't have the chance to. That's what my photo reflects, a strong mother who fights for her children.' (La Pisciana Más Bella, 02 October 2021, Manaus, Brazil)

'Esa foto refleja mi llegada a Brasil. Como muchas aquí, pasé por trocha[1] también con mis hijos. Pasé dificultad porque yo no tenía dinero, ni para darles comida, ni para pagar pasaje.

'Mi foto se llama "madre fuerte", "madre luchadora". Como muchas aquí, somos luchadoras por nuestros hijos porque venimos aquí a Brasil a darle un mejor futuro a nuestros hijos, ya que en Venezuela no tenemos esa oportunidad. Eso refleja mi foto, madre fuerte y madre batalladora que lucha por sus hijos.' (La Pisciana Más Bella, 02 de octubre de 2021, Manaos, Brasil)

their children is their main motivation and source of strength during migration. However, crucially, what is certain is that the socioeconomic conditions in which women find themselves giving care are not always chosen and do cause harm.

responsabilidad, cuidado y resignación se entrelazan a lo largo de un continuo. Para muchas, el profundo amor que sienten por sus hijos es su principal motivación y fuente de fortaleza durante la migración. Sin embargo, lo cierto es que las condiciones socioeconómicas en las que se encuentran las mujeres migrantes que brindan cuidados no siempre son elegidas y causan daños.

'Strong Mother' by La Pisciana Más Bella (pseudonym).
October, 2021. Manaus, Brazil

*'Madre fuerte' por La Pisciana Más Bella (seudónimo).
Octubre de 2021. Manaos, Brasil*

'My photo deals with reproduction and the things that we go through as mothers, as women, and as a result of having to migrate. My first photo reflects the long road that we have had to take with our sons and daughters. Always looking for the light, for the best path for them, and leaving our own health, our own problems, and many things behind. Always just thinking of them and their wellbeing.' (Royra, 17 July 2021, Manaus, Brazil)

'The challenge that I see reflected in this photo is the challenge that she set for herself as a migrant. Because really, leaving the comfort she had to enter a country where she doesn't know who is going to take care of her daughter if she gets a job, where they are going to sleep … She was willing to do anything, to risk everything to improve their wellbeing because really all migrants, Venezuelan migrants in our case, expose ourselves to everything. We come with our children; we sleep on the street; we have to beg.' (Yoselin, 17 July 2021, Manaus, Brazil)

'Mi foto trata sobre la reproducción y las cosas que pasamos nosotras al ser madres, al ser mujeres, y al tener que migrar. Mi primera foto refleja para mí el largo camino que nosotros hemos tenido que recoger con nuestros hijos o hijas. Siempre buscando la luz para ellos, el mejor camino y dejando nuestra salud, nuestros problemas, y muchas cosas atrás, siempre solo pensando en ellos, y solamente en ellos y en su bienestar' (Royra, 17 de julio de 2021, Manaos, Brasil)

'El desafío que veo reflejado en esta foto es el desafío que se propuso ella como persona al emigrar. Porque realmente dejar la comodidad que tenía para entrar a un país donde no sabe quién le va a cuidar la niña si llegase a conseguir un trabajo, donde van a dormir. Ella estaba dispuesta a todo, a arriesgarlo todo por un mejor bienestar porque realmente todos los inmigrantes venezolanos, en nuestro caso, nos exponemos a todo pues venimos con nuestros hijos, dormimos en la calle, nos toca pedir' (Yoselin, 17 de julio de 2021, Manaos, Brasil)

'For Our Children, There Will Always Be Light' by Royra.
July, 2021. Manaus, Brazil

*'Por los hijos siempre habrá luz' por Royra.
Julio de 2021. Manaos, Brasil*

'I imagined that because Brazil would have everything I needed, I could have two boys and a girl. Then I thought, well it's better to have one child because that would be enough. Sometimes I see women who suffer with two children, three children. It is difficult to have them, to look after them. I thought when I was giving birth, it hurts, you suffer. It hurts a lot. A lot of things happen. I thought, well I'm just going to have one child, no more.' (Maritza, 15 August 2021, Manaus, Brazil)

'[Me dijeron que] en Brasil hay de todo, entonces yo me imaginaba en tener dos niños y una niña. Pensé muchas cosas, bueno es mejor tener un niño, porque ya con eso sería suficiente. Porque a veces se ve a la mujer que sufre con dos niños, tres niños … es difícil de tener, cuidar. Yo pensé cuando estaba pariendo, que duele por aquí, uno sufre, duele mucho, pasan muchas cosas, pues. Yo pensé, bueno, voy a tener un niño, nada más que voy a tener, nada más.' (Maritza, 15 de agosto de 2021, Manaos, Brasil)

'Untitled' by Maritza. August, 2021. Manaus, Brazil

'Sin título' por Maritza. Agosto de 2021. Manaos, Brasil

'That's my son. He's my source of power, my strength here so that I can continue fighting to go back for his other two little brothers. I had found a job but since I can't leave my son alone I couldn't work. Here where we are, we can't leave the children with other people.' (Flaka, 02 October 2021, Manaus, Brazil)

'Ese es mi hijo, ese es mi motor, mi fuerza aquí para yo poder seguir luchando para buscar a sus otros dos hermanitos. Bueno yo había encontrado empleo, pero como no puedo dejar a mi hijo solo no pude trabajar. No conozco así a nadie como tal pero aquí donde nosotros estamos, no podemos dejarlos con otras personas a los niños.' (Flaka, 02 de octubre de 2021, Manaos, Brasil)

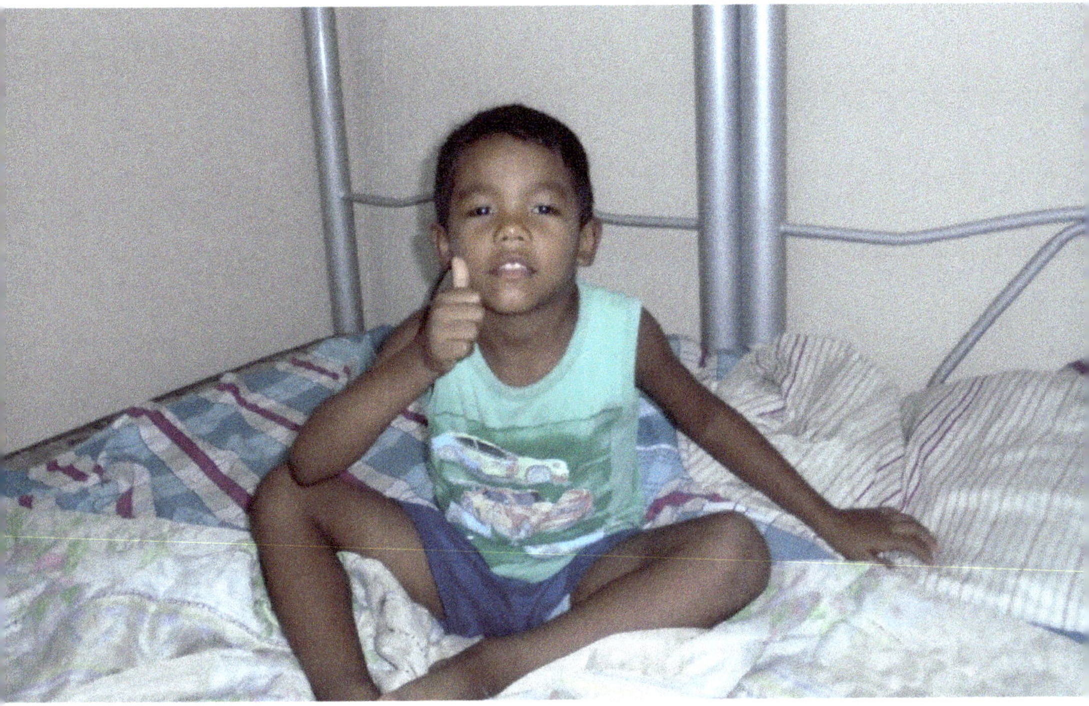

'My Children Are My Reason to Go On' by Flaka (pseudonym). October, 2021. Manaus, Brazil

'Mis hijos son mi lucha a seguir' por Flaka (seudónimo). Octubre de 2021. Manaos, Brasil

'A woman's role is to clean the house, cook, and teach her daughter, her little girl, women's roles so that when they grow up into an adult, they can go out and do these things. From a young age she has to be taught to make baskets, bracelets, hammocks. The man's role is to go out to work.' (Dolores, 21 August 2021, Manaus, Brazil)

'Men's and women's roles have changed because here in the cities of Brazil, women have to go out to the streets to be able to get money. Here even men have to go out to the streets to beg and have to pick up the children. There are a lot of families, not just us, who beg in the streets at weekends.' (Alicia, 15 August 2021, Manaus, Brazil)

'El papel de una mujer es limpiar la casa, cocinar y enseñarle a su hija, a su niña, los roles de las mujeres, para que cuando sean adultas puedan salir y hacer estas cosas. Desde pequeña hay que enseñarle a hacer cestas, pulseras, hamacas. El papel del hombre es salir a trabajar.' (Dolores, 21 de agosto de 2021, Manaos, Brasil)

'Los roles de hombres y mujeres han cambiado porque aquí en las ciudades de Brasil, las mujeres tienen que salir a la calle para poder conseguir dinero. Aquí hasta los hombres tienen que salir a la calle a mendigar y tienen que recoger a los niños. Hay muchas familias, no solo nosotros, que mendigamos en la calle los fines de semana.' (Alicia, 15 de agosto de 2021, Manaos, Brasil)

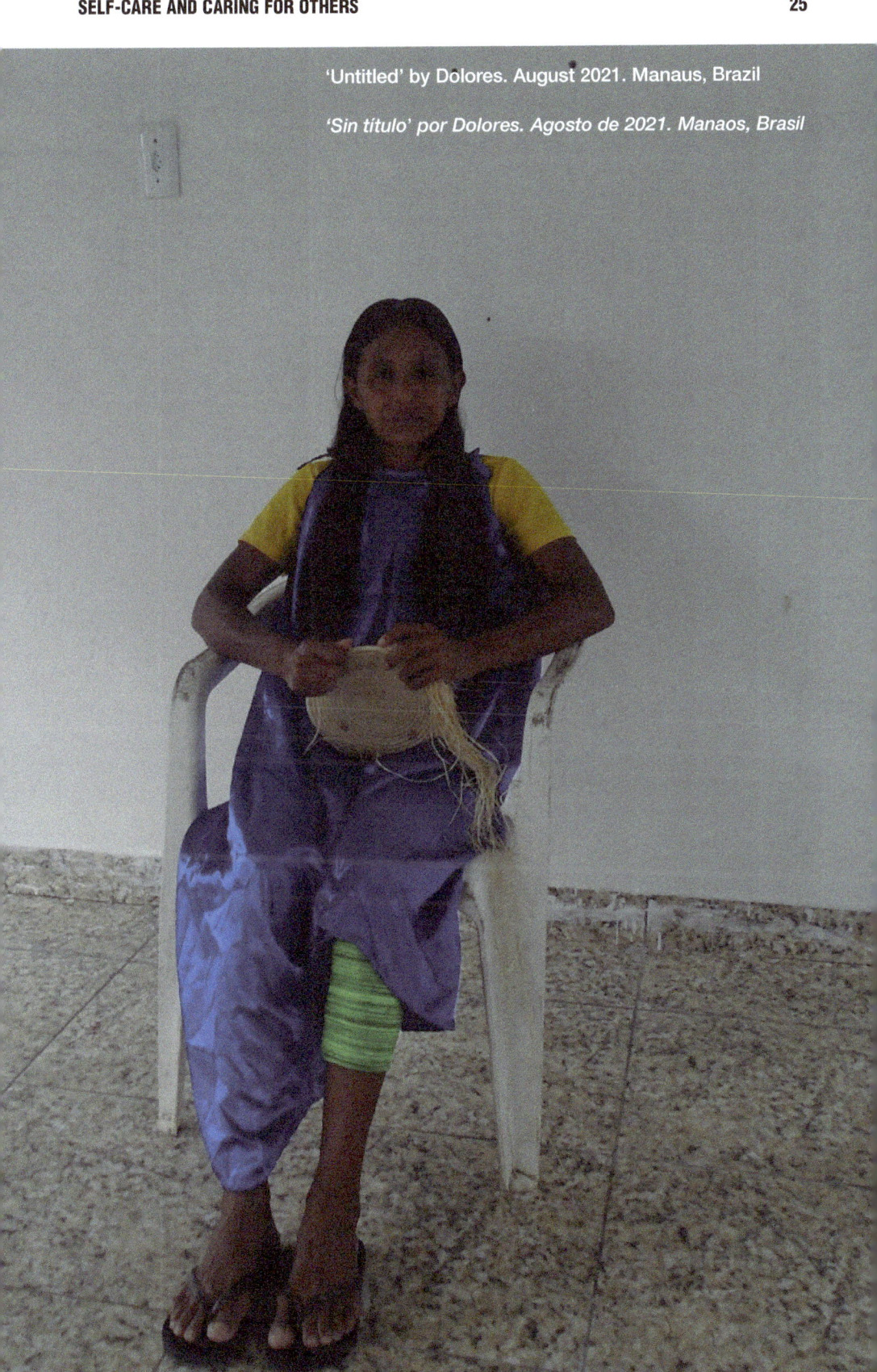

'Untitled' by Dolores. August 2021. Manaus, Brazil

'Sin título' por Dolores. Agosto de 2021. Manaos, Brasil

'It's a tough story ... She had three mouths to feed but since she didn't know Portuguese perfectly, she couldn't do very much. But she had to pay rent and to feed her children so, on several occasions, she had to sell her body. It's bad when your child gets up in the morning saying, "Mummy, I'm hungry." How do you tell them, "No, there's nothing"? I mean, you can bear the hunger, but they can't.' (Laura Paussini, 02 October 2021, Manaus, Brazil)

'Many people come here with the intention of getting ahead for their children, that is the intention of 80 per cent of the migrants who are here in Brazil. So she is a reflection of many women who may be going through the same thing. And here the men take advantage of the situation. If you mess with one of those men, and he has a venereal disease, it's terrible. But what can you do if you don't have anyone? In my case, for example, I don't have anyone.' (Laura Paussini, 02 October 2021, Manaus, Brazil)

'Es dura la historia, porque uno tiene tres bocas que mantener pero se siente que no está trabajando. Ella como no sabía perfectamente el portugués, eran muy pocas las cosas que ella hacía. Más por la necesidad que tenía que pagar alquiler, tenía que alimentar a sus hijos, tuvo en varias ocasiones que vender su cuerpo. Porque es malo que de repente tu niño se pare en la mañana diciendo "Mami, tengo hambre". ¿Cómo le vas a decir que "No, no hay nada"? O sea, uno puede aguantar, pero ellos no.' (Laura Paussini, 2 de octubre de 2021, Manaos, Brasil)

'Muchas personas vienen aquí con las intenciones de salir adelante por sus hijos, ese es el propósito del 80 por ciento de los migrantes que estamos aquí en Brasil. Entonces ella es un reflejo de muchas mujeres que pueden estar pasando por lo mismo. Y aquí los hombres se aprovechan de la situación. Si uno se mete con un hombre de esos, y tiene una enfermedad venérea, es terrible. Pero, ¿qué puedes hacer si no tienes a nadie? En mi caso, por ejemplo, no tengo a nadie.' (Laura Paussini, 2 de octubre de 2021, Manaos, Brasil)

'Two Women in One' by Laura Paussini (pseudonym).
October, 2021. Manaus, Brazil

*'Dos mujeres en una' por Laura Paussini (seudónimo).
Octubre de 2021. Manaos, Brasil*

> 'We're mothers. We stop being ourselves to be there for our children.' (Yoselin, 17 July 2021, Manaus, Brazil)

> 'Somos madres, dejamos de ser nosotras, para ser nuestros hijos.' (Yoselin, 17 de julio de 2021, Manaos, Brasil)

The quote above suggests something of the all-consuming yet paradoxical nature of motherhood in displacement; it shows both a deeply selfless and altruistic love, as well as evidence of a lack of support and space to thrive as oneself. The profound love that these women expressed for their children was in bittersweet contrast to the often desperate situations they described, situations caused and perpetuated by misogynistic social and structural conditions which could be alleviated by gender-sensitive, intersectional, rights-based policies.

There is no single identity of 'mother' and no singular experience of motherhood. The challenges in migrant women's lives should not be taken as being merely 'personal' but rather as an expression of issues that are in fact systematic forms of injustice experienced by many women – for being women, for being migrants, and for being poor. What is clear from experiences of mothering on the move is that the personal is international and it is neither private nor apolitical (Hall, Weissman and Shepherd, 2020). Inequalities and situations of precarity are manifestations of social and structural conditions that affect migrant women's everyday experiences of care work, mothering, and self-care. The personal and economic situations of these women, as well as their intersectional characteristics related to gender, age, ethnicity, and legal situation, mean they are often more heavily judged and discriminated against in everyday situations.

It is evident through the photographs and testimonies in this book that intersectional characteristics affect how women engage in caregiving and what's described as 'social reproductive work': for example,

La cita anterior sugiere que paradójicamente, la naturaleza de la maternidad en desplazamiento es a la vez una mezcla de un amor profundamente desinteresado y altruista, tanto como la evidencia de la falta de apoyo y espacio propicios para el bienestar personal. El profundo amor que las participantes expresaron por sus hijo/as contrasta muchas veces con las situaciones que describen, a menudo desesperadas, causadas y perpetuadas por condiciones sociales y estructurales misóginas, que podrían aliviarse con políticas eficaces sensibles al género, interseccionales y basadas en los derechos.

No existe una identidad única de 'madre' ni una experiencia singular de la maternidad. Los desafíos en la vida de las mujeres migrantes no deben tomarse como meramente 'personales', sino más bien como una expresión de problemas que, de hecho, son formas sistemáticas de injusticia experimentadas por muchas mujeres; por ser mujeres, por ser migrantes y por ser pobres. Lo que queda claro de las experiencias de maternidad en situaciones de desplazamiento es que lo personal es internacional y no es ni privado ni apolítico (Hall, Weissman y Shepherd, 2020). Las desigualdades y situaciones de precariedad son manifestaciones de condiciones sociales y estructurales que afectan las experiencias cotidianas de las mujeres migrantes en el trabajo de cuidados, maternidad y autocuidado. Las situaciones personales y económicas de estas mujeres, así como sus características interseccionales relacionadas con el género, la edad, la etnia y la situación legal, hacen que a menudo sean juzgadas y discriminadas en situaciones cotidianas.

Es evidente a través de las fotografías y los testimonios de este libro que las

sustaining life through having children, maintaining the household and intimate relationships, caring for the home and those within it, or contributing to the community. Lingering patriarchal and racist systems in Brazil and beyond perpetuate the notion that certain women should occupy positions of servitude (Oxfam, 2020) and therefore women from the most marginalized groups tend to carry out more unpaid and underpaid care work than other women. For example, women from rural backgrounds and with lower levels of education spend more time doing unpaid care than other women or their male counterparts (Dutta et al., 2021), and women living in poverty and marginalized communities – especially in locations with poor infrastructure, policy support, and technology – spend more time on unpaid care work than better-off women, and more than men in the same communities (Rai et al., 2014; Oxfam, 2020). The intersection of race and class is a particularly clear determinant of women's unequal burdens of caregiving.

The women who identified the most challenges were single mothers: either those who migrated alone with their children, or those whose partners left them once they arrived in Brazil. These women emphasized barriers to finding decent and safe work and being able to maintain it while simultaneously caring for their children, especially when they had migrated without other family members or friends who could support them informally with childcare. This constrained their choices and led to physical, sexual, and mental health issues. These 'choices' included having to leave some children behind in Venezuela or having to take young children with them to precarious jobs.

For those leaving children behind, migration cuts into their experience of motherhood. Women who experienced this described feelings of worry, guilt, and of missing their children – feelings which can increase depressive symptoms and emotional distress (Pineros-Leano et al., 2021). As Flaka explained:

características interseccionales afectan la forma en que las mujeres viven el cuidado y lo que se describe como 'trabajo reproductivo social'. Por ejemplo, mantener la vida a través de tener hijos, mantener el hogar y las relaciones íntimas, cuidar el hogar y los que están dentro de él, o contribuir a la comunidad. Sistemas persistentes patriarcales y racistas en Brasil, y más allá, perpetúan la noción de que ciertas mujeres deberían ocupar puestos de servidumbre (Oxfam, 2020) y, por lo tanto, las mujeres de los grupos más marginados tienden a realizar el trabajo de cuidado no remunerado y/o mal remunerado, más que otras mujeres. Por ejemplo, las mujeres de entornos rurales y con niveles educativos más bajos dedican más tiempo al cuidado no remunerado que otras mujeres o que sus homólogos masculinos (Dutta et al 2021), y las mujeres que viven en la pobreza y en comunidades marginadas –especialmente en lugares con infraestructura, políticas de apoyo y tecnología deficientes– dedican más tiempo al trabajo de cuidado no remunerado que las mujeres más acomodadas y que los hombres en las mismas comunidades (Rai et al., 2014; Oxfam, 2020). La intersección de raza y de clase es un determinante particularmente claro de las cargas desiguales de las mujeres en el cuidado.

Las mujeres que identificaron más desafíos fueron las madres solteras, ya sea aquellas que emigraron solas con sus hijos o aquellas cuyas parejas las abandonaron una vez que llegaron a Brasil. Estas mujeres enfatizaron las barreras para encontrar un trabajo decente y seguro, y poder mantenerlo, y al mismo tiempo cuidar a sus hijos, especialmente cuando habían emigrado sin otros familiares o amigos que pudieran apoyarlas informalmente con el cuidado de los niños. Esto restringió sus opciones y condujo a problemas de salud física, sexual y mental. Estas 'opciones' incluían tener que dejar a (algunos) niños y niñas en Venezuela o tener que llevar a niños y niñas pequeños con ellas a trabajos precarios.

> 'I had to emigrate for my children, for a better future for them, for a better education. I have three children; I had to leave two behind and I only brought one with me so I'm able to work since I can't leave them with a stranger here. I'll keep fighting to give them a better future and, when established, I'll go and get them. There's a lot of sadness because I don't have my other two with me.'
> (Flaka, 02 October 2021, Manaus, Brazil)

Caregiving is intimately linked to access to decent work. These women described being unable to access adequate formal jobs because they were unable to find care for their children whilst working. Therefore, they either could not work or took their children with them to sites of informal work. Both of these situations are risk factors for gendered violence, as elaborated on in the following section, and hinder women from escaping the cycle of poverty. Many of these women had been economically active in their country of origin but circumstances forced them to dedicate themselves exclusively to domestic care tasks or to join the labour market in an informal and partial manner in Brazil. Some Indigenous Warao women reported illiteracy and a lack of formal education as barriers to accessing decent and formal employment. As one Warao migrant explained:

Para quienes dejan a hijos e hijas atrás, la migración interfiere en su experiencia de la maternidad. Las mujeres que experimentaron esto describieron sentimientos de preocupación, culpa y de extrañar a sus hijos, sentimientos que pueden aumentar los síntomas depresivos y la angustia emocional (Pineros-Leano et al, 2021). Como explicó Flaka:

> 'Tuve que emigrar por mis hijos, por un mejor futuro para ellos, por una mejor educación. Tengo tres hijos. Tuve que dejar dos atrás y solo traje uno conmigo para poder trabajar ya que no puedo dejarlos con un extraño aquí. Seguiré luchando para darles un futuro mejor y cuando me establezca, iré a buscarlos. Tengo mucha tristeza porque no tengo a mis otros dos conmigo.'
> (Flaka, 2 de octubre de 2021, Manaos, Brasil)

El cuidado está íntimamente ligado al acceso a un trabajo decente. Las mujeres describieron que no podían acceder a trabajos formales adecuados porque no podían encontrar cuidado para sus hijos mientras trabajaban. Por lo tanto, no podían trabajar o se llevaban a sus hijos a los lugares de trabajo informal. Ambas situaciones son factores de riesgo de violencia de género, como se desarrolla en la siguiente sección, y dificultan que las mujeres escapen del ciclo de la pobreza. Muchas de estas mujeres habían sido económicamente activas en su país de origen pero en Brasil, las circunstancias les obligaron a dedicarse exclusivamente a tareas de cuidado doméstico o a incorporarse al mercado laboral de manera informal y parcial. Algunas mujeres indígenas Warao reportaron el analfabetismo y la falta de educación formal como barreras para

SELF-CARE AND CARING FOR OTHERS

'If I were to get a job, I would be working to find a way out of the shelter with my children to live in peace. How am I going to change my life if I don't have a job? When I was a little girl there was no school, there was nothing, and that's why I grew up without an education. That's why I don't know anything – just how to do domestic work, cook, wash, iron, clean the house, and take care of a little baby. That's what I know how to do.' (Florencia, 21 August 2021, Manaus, Brazil)

Warao women in particular described specific difficulties in finding childcare for their children, despite the informal networks of care and support that they have, given their tendency to migrate as a family group.

Gender roles also tend to shift due to displacement. Some women become the sole provider for their families, some start to share this duty with their husbands and partners, others become full-time mothers because they cannot find childcare or access the labour market. In the case of displaced Warao, traditional gender roles are impacted.

acceder a un empleo decente y formal. Como explicó una migrante Warao:

'*Si pudiera conseguir un trabajo, estaría trabajando para encontrar una manera de salir del refugio con mis hijos, para vivir tranquilos. ¿Cómo voy a cambiar mi vida si no tengo trabajo? Cuando yo era niña no había escuela, no había nada y por eso crecí sin estudiar. Por eso no sé nada, solamente trabajar en casa de familia, cocinar, lavar, planchar, cuidar a un bebé y hacer limpieza. Eso es lo que sé hacer.*' *(Florencia, 21 de agosto de 2021, Manaos, Brasil)*

Las mujeres Warao, en particular, describieron dificultades específicas para encontrar cuidado para sus hijos, a pesar de las redes informales de atención y apoyo con las que cuentan dada su tendencia a migrar como grupo familiar.

Los roles de género también tienden a cambiar debido al desplazamiento. Algunas mujeres se convierten en el único sostén de sus familias, algunas comienzan a compartir este deber con sus esposos y parejas y otras se convierten en madres de tiempo completo porque no pueden encontrar cuidado para sus hijos e hijas o acceder al mercado laboral. En el caso de las mujeres Warao desplazadas, los roles de género tradicionales se ven afectados.

Consequences of a lack of care for migrant women

Consecuencias de la falta de cuidado para las mujeres migrantes

'My daughter is the reason I am here. My daughter is five years old. I'm here because of her because I knew that in Venezuela I wasn't going to be able to give my daughter a good education. I wasn't going to be able to give her what she really needs. That was what motivated me to migrate here to Brazil. It wasn't easy because along the way I experienced so much. I was carrying bags and she would see me and say, "Mummy, I'll help you, I'll help you." I spent seven days getting here because we slept in another place as they wouldn't let us pass. And when they gave us food, I preferred to give it to her rather than to eat it myself, and she'd say to me, "But mummy, aren't you going to eat? You have to eat to keep walking." I saw her and that motivated me. It gave me strength because I wanted to turn back half-way but I saw her being so enthusiastic and that was the reason I kept going. But I did go through a lot of things with my daughter and it was difficult because I left my house. I left the memories of my mum there. These are the decisions one has to make for a better future for our children.' (Estelita Guillen, 02 October 2021, Manaus, Brazil)

'La razón por la que yo estoy aquí es mi hija. Mi hija tiene cinco años. Estoy aquí por ella porque sé que en Venezuela no le iba a dar una buena educación a mi hija. No iba a poder darle lo que en verdad necesita. Eso fue lo que me motivó a emigrar para Brasil. No fue fácil porque en el camino pasé muchas cosas. Yo cargando bolsos y ella me veía y me decía: "Mami, yo te ayudo, yo te ayudo". Pasé siete días para llegar aquí porque dormimos en otro lugar porque no nos dejaban pasar. Y cuando nos daban comida, yo prefería dársela a ella que comérmela yo y ella me decía: "Pero mami, ¿tú no vas a comer? Tienes que comer para seguir caminando". Yo la veía y eso me motivaba. Me dio fuerzas porque quería dar media vuelta pero la vi tan entusiasmada y por eso seguí adelante. Pero sí, pasé por muchas cosas con mi hija y fue difícil porque dejé mi casa. Dejé los recuerdos de mi mamá allí. Estas son las decisiones que uno tiene que tomar para un futuro mejor para nuestros hijos.' (Estelita Guillén, 2 de octubre de 2021, Manaos, Brasil)

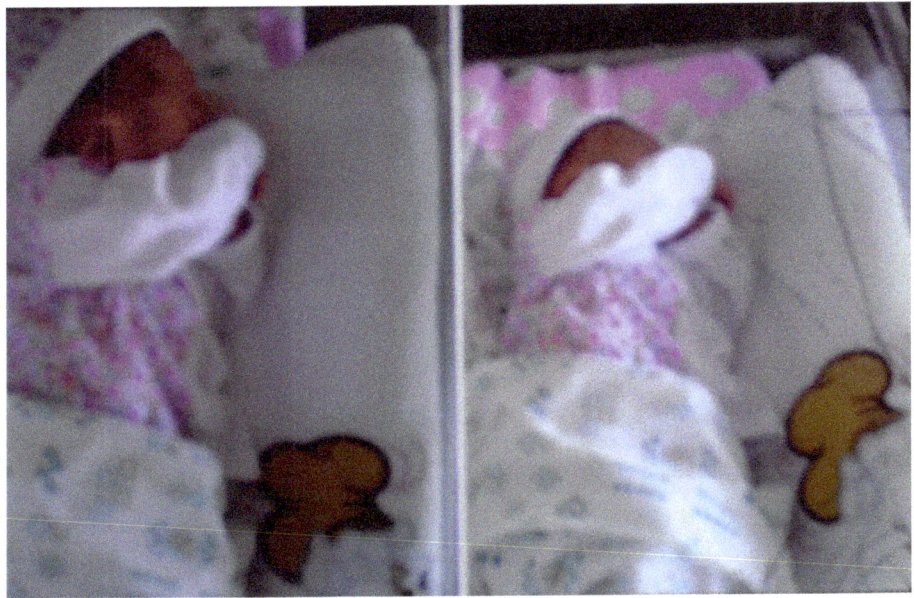

'Untitled' by Estelita Guillen (pseudonym). October, 2021. Manaus, Brazil

'Sin título' por Estelita Guillén (seudónimo). Octubre de 2021. Manaos, Brasil

'When I have money, I help my son. He tells me, "Mum, thank God you left, all the prices have gone up: food prices, grocery prices, medicine prices." When I can, I transfer him money.' (Alicia, 15 August 2021, Manaus, Brazil)

'Cuando yo tengo, yo ayudo a mi hijo. Me dice: "Mamá gracias a Dios que ustedes se fueron de aquí, todo el precio está arriba: precio de comida, precio de alimentos, precio de medicina. Cuando yo tengo yo le ayudo, le hago transferencia.' (Alicia, 15 de agosto de 2021, Manaos, Brasil)

'Untitled' by Alicia. August, 2021. Manaus, Brazil

'Sin título' por Alicia. Agosto de 2021. Manaos, Brasil

'The rice is served raw there in the shelter, the meat is hard and the beans are hard, so my child didn't eat anything. What did I say? "No, don't worry, I'll go to the street and I'll beg". I began to go out to the street to ask for money to be able to eat – to be able to buy food that I could cook myself with my own hands to support my family. But out of the three weeks I was in the shelter, I only spent three days in the street. I stopped going because the sun gave me a headache, I felt bad.' (Alicia, 15 August 2021, Manaus, Brazil)

'El arroz viene crudo allá en la rodoviaria, la carne viene dura y la caraota dura, entonces el niño no comió nada. ¿Qué dije yo? "No, no te preocupes, voy a ir a la "rúa" [calle] y voy a pedir". Empecé a salir a la calle a pedir dinero para poder comer, para poder comprar comida que pudiera cocinar. Yo con mis propias manos para mantener a mi familia, pero de las tres semanas que estuve en el albergue, solo estuve tres días en la calle, dejé de ir porque el sol me daba dolor de cabeza, me sentía mal.' (Alicia, 15 de agosto de 2021, Manaos, Brasil)

'Untitled' by Alicia. August, 2021. Manaus, Brazil

'Sin título' por Alicia. Agosto de 2021. Manaos, Brasil

'I like this fish and my son also likes it, roasted. My son doesn't like to eat meat. That's why when I receive *Bolsa Familia* [welfare payment], I buy fish for my son, for my family, for my nephew, for my mother, for me to eat. Because that food is our food. It is delicious for us. For us, this is food. It does him good. When he eats it, it gives him a little strength. It gives him energy.' (Florencia, 21 August 2021, Manaus, Brazil)

'*Me gusta este pescado y a mi hijo también le gusta, asado. A mi hijo no le gusta comer carne. Por eso, cuando recibo la Bolsa Familia, compro pescado para mi hijo, para mi familia, para mi sobrino, para mi madre, para comer. Porque ese alimento es nuestro alimento. Es delicioso para nosotros. Para nosotros es comida. Le hace bien. Cuando lo come, le da un poco de fuerza. Le da energía*'. (Florencia, 21 de agosto de 2021, Manaos, Brasil)

SELF-CARE AND CARING FOR OTHERS

'Untitled' by Zunilde. August, 2021. Manaus, Brazil

'Sin título' por Zunilde. Agosto de 2021. Manaos, Brasil

'Untitled' by Alenia. August, 2021. Manaus, Brazil

'Sin título' por Alenia. Agosto de 2021. Manaos, Brasil

'We're just eating *marmita* [premade food provided by the State]. *Marmita, marmita, marmita*, and now we're tired. I have a little child. And my breasts? I don't have breasts, they're dry now from eating nothing but dry, dry marmita. And milk? I don't make that either. The child is going to die. And where am I going to get money to buy milk? Is anyone going to help me? No.' (Florencia, 21 August 2021, Manaus, Brazil)

'When milk dries, it hardens. It hurts and causes a fever. I had a fever for two days and then I fed my daughter, because if I didn't breastfeed her, my breasts would fill up and get harder and hurt more. When we give birth, we can't eat a lot of dry food. We have to eat soup and drink [liquidized] food so that it goes to the stomach and cools us down. If we eat dry food it gives us *dolor de la madre* ["mother's pain"], as we say in Venezuela.' (Gleismari, 15 August 2021, Manaus, Brazil)

'*Solo estamos comiendo marmita [comida prefabricada proporcionada por el Estado]. Marmita, marmita, marmita, y ahora estamos cansados. Tengo un crio pequeño ¿Y mis tetas? No tengo tetas, ahora están secas de comer pura marmita, secas, secas. ¿Y leche? Ni me hace. El niño se va a morir. ¿Y de dónde voy a conseguir dinero para comprar leche? ¿Alguien me va a ayudar? No.*' (Florencia, 21 de agosto de 2021, Manaos, Brasil)

'*Cuando la leche se seca, se pone dura y duele y da fiebre. Bueno a mí me dio fiebre, dos días con fiebre y luego yo le daba a mi hija, porque si no le daba teta eso se llenaba y se ponía más duro y dolía más. Muy fuerte. Cuando nosotras parimos, nosotras no podemos comer mucho seco. Comer sopa y tomar alimentos para que vaya al estómago y se refresque, porque si nosotros comemos seco nos da el "dolor de la madre", como nosotros decimos en Venezuela.*' (Gleismari, 15 de agosto de 2021, Manaos, Brasil)

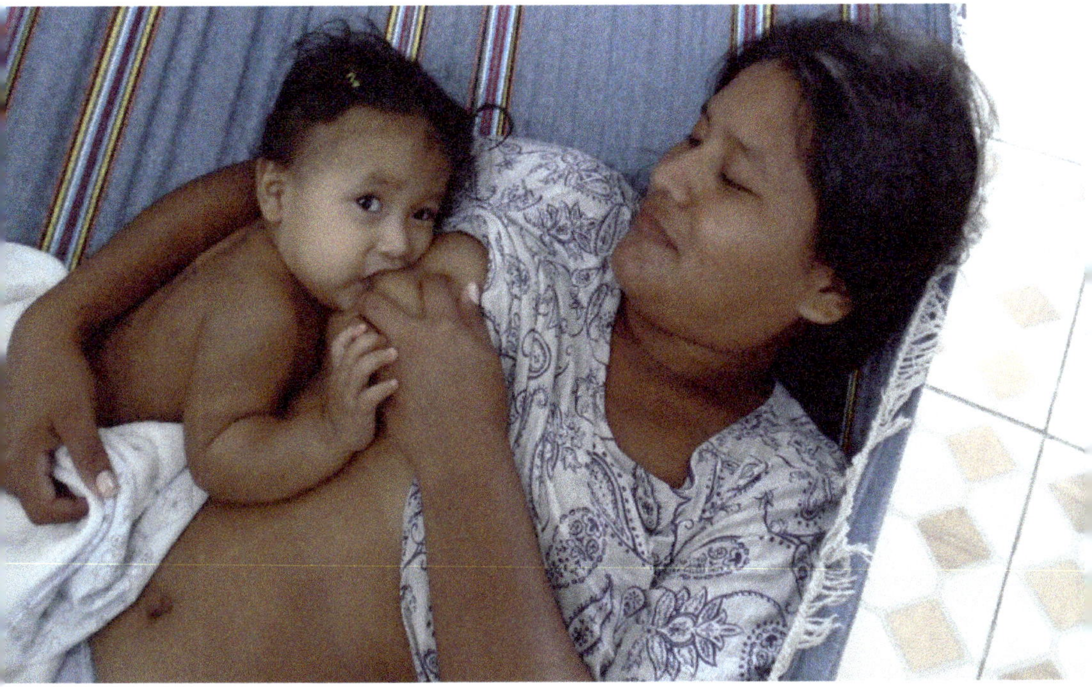

SELF-CARE AND CARING FOR OTHERS 41

'Untitled' by Gleismari. August, 2021. Manaus, Brazil

'Sin título' por Gleismari. Agosto de 2021. Manaos, Brasil

'Untitled' by Arianny. August, 2021. Manaus, Brazil

'Sin título' por Arianny. Agosto de 2021. Manaos, Brasil

'My photo represents unplanned pregnancy and being alone. I have three children. While I was pregnant with two I was alone. With the first one, I was alone and depressed for six months. I was 17 years old and I fell into a very, very deep depression. I always had the support of my mother and my grandmother, but sometimes you can have the support of the whole world, but you can't take away what you feel inside, you can't heal yourself. My last baby was not planned, I found out when I was working and I didn't want to have her. When I had my daughter in my arms, I asked her forgiveness, crying, because I didn't want to have the child, I didn't want her to go through all the things I went through with the first one.' (Maryset. 17 July 2021, Manaus, Brazil)

'Mi foto representa un embarazo no planeado y estar sola. Tengo tres hijos y mientras estaba embarazada de dos estuve sola. Con el primero estuve sola y deprimida durante seis meses. Tenía 17 años y caí en una depresión muy, muy profunda. Siempre tuve el apoyo de mi madre y mi abuela, pero a veces puedes tener el apoyo de todo el mundo, pero no puedes quitarte lo que sientes por dentro, no puedes curarte a ti mismo. Mi último bebé no fue planeado, me enteré cuando estaba trabajando y no quería tenerla. Cuando tuve a mi hija en mis brazos, le pedí perdón llorando, porque no quería tener la niña, no quería que ella pasara por todas las cosas que pasé con la primera.' (Maryset 17 de julio de 2021, Manaos, Brasil)

'Pregnant Alone' by Maryset. July, 2021. Manaus, Brazil

'Embarazo sola' por Maryset. Julio de 2021. Manaus, Brasil

Gender stereotypes and toxic masculinity, which play out between individuals within affective relationships and families and are reinforced through structural conditions, are at the root of disproportionate engagement in caregiving and social reproduction – activities which constitute care for the family, the home, and the community.

These responsibilities are increased and complicated by the difficulties that many face in migration like getting children to school, a lack of care services and support networks, and scarcity of resources. The photographs and testimonies here show that migration is a determinant of negative physical, psychological, and sexual health outcomes, partly due to lack of support and protection for women who disproportionately engage in unpaid, informal labour.

This critical imbalance between what women give to 'social reproductive work' and what they get back in terms of a salary, healthcare, or leisure time, causes immediate and long-term mental and physical health issues like stress and stress-related illnesses, exhaustion, sleeplessness, anxiety, and feelings of guilt and apprehension. This harmful disparity is identified as 'depletion' (Rai, Hoskyns and Thomas, 2014). Compounding this, despite efforts to do away with the concept of the family as an altruistic unit, these activities defined as social reproduction continue to be regarded within policy circles as consensual. But consent here complicates the establishment of depletion as a harm, and therefore the ability to appropriately measure its consequences on women.

The increased challenges of caregiving during displacement put self-care low on the list of women's priorities. Women face several difficulties and traumas before migrating, during transit, and after arriving at their place of abode, with limited support to process what they go through, and heal.

Many single mothers, for example, lack support and care programmes during migration. The support networks that normally exist in their countries of origin are

Los estereotipos de género y la masculinidad tóxica, que se manifiestan entre individuos dentro de las relaciones afectivas y familiares y que se refuerzan a través de condiciones estructurales, son la causa principal del compromiso desproporcionado con la prestación de cuidados y la reproducción social, actividades que constituyen el cuidado de la familia, el hogar y la comunidad.

Estas responsabilidades se ven incrementadas y complicadas por las dificultades que muchos enfrentan en la migración, como llevar a los niños a la escuela, la falta de servicios de atención y redes de apoyo, y la escasez de recursos. Las fotografías y testimonios muestran que la migración es un factor determinante de los resultados negativos para la salud física, psicológica y sexual, en parte debido a la falta de apoyo y protección para las mujeres que se dedican desproporcionadamente al trabajo de cuidado informal y no remunerado.

Este desequilibrio crítico entre lo que las mujeres dedican al 'trabajo reproductivo social' y lo que reciben en términos de salario, atención médica o tiempo libre, provoca problemas de salud mental y física inmediatos y a largo plazo, como estrés y enfermedades relacionadas con el estrés, agotamiento, insomnio, ansiedad y sentimientos de culpa y aprensión. Esta disparidad dañina se identifica como 'extenuación' (Rai, Hoskyns y Thomas, 2014). Como agravante, actividades de reproducción social continúan siendo consideradas dentro de los círculos políticos como naturales o consensuales. Pero el consentimiento aquí complica el establecimiento del agotamiento y la extenuación como un daño y, por lo tanto, la capacidad de medir adecuadamente sus consecuencias en las migrantes.

Los crecientes desafíos del cuidado durante el desplazamiento colocan el autocuidado en un lugar bajo en la lista de prioridades de las mujeres. Las mujeres enfrentan diversas dificultades y traumas antes de migrar, durante el tránsito y después de llegar a su lugar de residencia,

lost due to displacement, which increases the stresses and difficulties of caregiving, even if it is done with much love.

Migrant women feel the gendered pressures of caring not only for their family who migrate with them, but also for their family at home. In many cases, Venezuelan women take on a double burden of care: direct care for those with them in Brazil and financial care by sending remittances to those left behind in their country of origin.

The lack of networks, policies, and resources to support migrant women in their caregiving duties leaves them in stressful and risky situations, particularly for Indigenous women. Warao women often take their children with them to sell their crafts or beg in the streets. But this puts the women and their children at particular risk of becoming targets of biased, racialized state practices by the local authority. Many Warao women are afraid of having their children removed by the *Conselho Tutelar*, the Guardianship Council, under grounds of negligence and exploitation. Using legislation such as the 1990 Brazilian Federal Law on Children and Adolescents (Estatuto da Criança e do Adolescente, or ECA),[2] arbitrary decisions could be made over what represents the safety of the child and how to deal with it, for example considering removing them from their mother.

In the case of Indigenous migrants, it is not only the precarious nature of their socioeconomic situation that pushes them to sell or beg for money in the streets. There are also cultural determinants related to lack of access to culturally appropriate food in shelters that push women to go to the streets to ask for money in order to afford their own choice of nourishment. Yet, in addition to caregiving challenges, women's self-care is also affected by them being in the street all day under exhausting conditions and in high temperatures, exposing them to situations of discrimination and xenophobia as well as other violent practices – all of which negatively impact on their health.

Providing traditional food is one example of 'cultural reproduction' (Rai, Hoskyns and

con un apoyo limitado para procesar lo que atraviesan y recuperarse.

Muchas madres solteras, por ejemplo, carecen de programas de apoyo y atención durante la migración. Las redes de apoyo que normalmente existen en sus países de origen se pierden por el desplazamiento, lo que aumenta el estrés y las dificultades del cuidado, aunque se haga con mucho amor.

Las mujeres migrantes sienten las presiones de género de cuidar no solo de su familia que migra con ellas, sino también de su familia en casa. En muchos casos, las mujeres venezolanas asumen una doble carga de cuidados: atención directa a quienes las acompañan en Brasil y atención económica mediante el envío de remesas a quienes se quedan en su país de origen.

La falta de redes, de políticas y de recursos para apoyar a las migrantes en sus funciones de cuidado las deja en situaciones estresantes y de riesgo, particularmente para las mujeres indígenas. Las mujeres Warao suelen llevar a sus hijos con ellas cuando salen a vender sus artesanías y a pedir dinero en las calles. Pero esto pone a las mujeres y sus hijos en un riesgo particular de convertirse en blanco de prácticas estatales sesgadas y raciales por parte de la autoridad local. Muchas mujeres Warao temen que sus hijos sean retirados por el Consejo Tutelar, bajo el argumento de negligencia y explotación. Utilizando legislación como la Ley Federal Brasileña llamada Estatuto del Niño y del Adolescente de 1990, se podrían tomar decisiones arbitrarias sobre lo que representa la seguridad del niño o la niña, por ejemplo, considerando la separación de su madre[2].

En el caso de los indígenas migrantes, no es solo la precariedad de su situación socioeconómica lo que los empuja a vender o pedir dinero en las calles. También existen determinantes culturales relacionados con la falta de acceso a alimentos culturalmente apropiados en los albergues, lo que empuja a las mujeres a salir a la calle a pedir

Thomas, 2014), which is linked to depletion and other health harms that Warao women describe as *dolor de la madre* (mother's pain). Warao women expressed several barriers around accessing and cooking traditional food. They explained that food is intricately linked to their particular gendered roles as caregivers. According to the Warao cosmovision, food is a central aspect of health that not only supports a woman's individual health – including her sexual and reproductive health as discussed in Chapter 3 – but also her capacity to care for her children, for example by being able to produce milk for breastfeeding. A lack of proper nourishment is related to high-risk pregnancy and difficulties with breastfeeding. Consequently, this affects both Warao women and their children. Providing culturally-sensitive food in shelters is an essential part of upholding Indigenous migrant women's sexual and reproductive rights.

Furthermore, the Warao women explained that their children and partners lack strength and energy when they can't provide them with traditional food. As stated in the United Nations High Commissioner for Refugees report (ACNUR, 2021:42), traditional Brazilian foods such as red meat and beans don't constitute a typical Warao diet, which is mostly made up of fish, given their communities of origin are fishing villages. The food provided to Warao migrants is therefore inadequate and insufficient, putting them in a condition of food and nutritional insecurity and negatively affecting pre-existing health problems. It also restricts their autonomy in being able to look after their families, often causing them to leave shelters and become displaced again. Food access here is important not only in terms of nutritional and caloric value for health and wellbeing but also culturally. Our human right to food is not simply a right to a minimum ration of calories, protein, and nutrients, but a right to all the nutritional elements a person may need to live healthily – including cultural adequacy. Similarly, our human right to housing is not just the right to a roof over our heads but the right 'to live in security, peace and dignity.' When food and shelter

dinero para poder costear su propia elección de alimentación. Sin embargo, además de los desafíos del cuidado, el autocuidado de las mujeres también se ve afectado por estar todo el día en la calle en condiciones agotadoras y con altas temperaturas, exponiéndolas a situaciones de discriminación y xenofobia, así como a otras prácticas violentas, todo lo cual impacta negativamente en su salud.

Proporcionar alimentos tradicionales es un ejemplo de 'reproducción cultural' (Rai, Hoskyns y Thomas, 2014), que está relacionado con el agotamiento y otros daños a la salud que las mujeres Warao quienes describen sufrir lo que definen como dolor de la madre. Las mujeres Warao expresaron varias barreras en torno al acceso y la preparación de alimentos tradicionales. Explicaron que la comida está íntimamente relacionada con sus roles de género particulares como cuidadoras. De acuerdo con la cosmovisión Warao, la alimentación es un aspecto central de la salud individual de una mujer, incluida su salud sexual y reproductiva como se analiza en el Capítulo 3, pero también de su capacidad para cuidar a sus hijos, por ejemplo, el hecho de ser capaz de producir leche para amamantar. La falta de una alimentación adecuada está relacionada con embarazos de alto riesgo y dificultades en la lactancia. En consecuencia, esto afecta tanto a las mujeres Warao como a sus hijos e hijas. Proporcionar alimentos culturalmente sensibles en los albergues es una parte esencial del respeto de los derechos sexuales y reproductivos de las indígenas migrantes.

Además, las mujeres Warao explicaron que a sus hijos y parejas les falta fuerza y energía cuando no pueden proporcionarles la comida tradicional. Como se afirma en el informe del Alto Comisionado de las Naciones Unidas para los Refugiados (ACNUR, 2021:42), los alimentos tradicionales brasileños, como la carne roja y los frijoles, no constituyen una dieta típica Warao, que se compone principalmente de pescado, dadas sus comunidades de origen porque son pueblos de pescadores.

SELF-CARE AND CARING FOR OTHERS

is provided prescriptively and restrictively by state actors and NGOs, Indigenous migrants are denied their human rights. A cultural hierarchy is also instated when their cultural needs are not respected. As mothers, their inability to adequately nourish their children brings them pain and suffering.

Cultural deprivation, alongside poverty and marginalization, is a common challenge migrant women face when it comes to caregiving and self-care. Poverty and overburden are major issues, often leading women to reprioritize the basic needs of their children or family (food, health, and shelter in particular) before their own. Many migrant women put themselves last on the list of priorities for eating and receiving medical attention or other wellbeing support, despite the exhaustion and risks they deal with in their everyday life and in the different stages of their migratory experiences. For example, Royra recalls:

> 'We leave our health, our problems, and many things behind, always thinking about [our children], nothing else but them and their wellbeing. We women are willing to be humiliated, willing to put up with everything – even to go hungry – for our children. It is painful that they have to see our situation. If a man hits us, we have to put up with being humiliated so that [our children] keep healthy, to give them a mouthful of food.' (Royra, 17 July 2021, Manaus, Brazil)

Certain choices migrants have to make – and forced migrant women in particular – are rendered even harder by policies that ignore women's role as carers. The experiences of displaced women suggest that social, cultural, and lifestyle changes such as loss of family and friendship networks and increased states of precarity

La alimentación que se brinda a los migrantes Warao es por lo tanto inadecuada e insuficiente, lo que les coloca en una condición de inseguridad alimentaria y nutricional y afecta negativamente posibles problemas de salud preexistentes. También restringe su autonomía para poder cuidar a sus familias, lo que a menudo hace que abandonen los refugios y se vuelvan a desplazar. El acceso a los alimentos es importante no solo en términos de valor nutricional y calórico para la salud y el bienestar, sino también culturalmente. Nuestro derecho humano a la alimentación no es simplemente el derecho a una ración mínima de calorías, proteínas y nutrientes, sino el derecho a todos los elementos nutricionales que una persona pueda necesitar para vivir de manera saludable, incluida la adecuación cultural. De manera similar, el derecho humano a la vivienda no es solo el derecho a un techo sobre nuestras cabezas, sino el derecho a 'vivir en seguridad, paz y dignidad'. Cuando los actores estatales y las ONG proporcionan alimentos y refugio de manera prescriptiva y restrictiva, niegan sus derechos humanos a los migrantes indígenas. También se instaura una jerarquía cultural cuando no se respetan sus necesidades culturales. Como madres, la incapacidad de nutrir adecuadamente a sus hijos causa dolor y sufrimiento.

La privación cultural, junto con la pobreza y la marginación, es un desafío común que enfrentan las mujeres migrantes cuando se trata de cuidar a otros y de cuidar de sí mismas. La pobreza y la sobrecarga son problemas importantes, que a menudo llevan a las mujeres a priorizar las necesidades básicas de sus hijos o familia (alimentación, salud y vivienda en particular) antes que las propias. Muchas migrantes se colocan en último lugar en la lista de prioridades para comer y recibir atención médica u otro apoyo de bienestar, a pesar del cansancio y los riesgos que enfrentan en su vida cotidiana y en las diferentes etapas de sus experiencias migratorias. Por ejemplo, Royra recuerda:

and poverty are factors impacting their wellbeing and opportunities for immediate and long-term integration. For many migrant women, it is very difficult to *salir adelante* (to move on, to progress) – a goal repeatedly emphasized by the participants, above all because they wanted to improve their children's lives. Durable solutions that are more sensitive to culture and gender are needed to support and empower migrant women.

The many challenges that migrant women deal with are compounded because they receive little support. Sometimes this is due to bureaucracy issues including language barriers or lack of information. At other times, there is a sense of resignation to poor conditions or a sense of disempowerment. Women and girls in situations of displacement need visibility, voice, and care – not just because of their needs but because of their rights. It is important to hold decision makers accountable where opportunities exist to improve migrant women's experiences of motherhood and care during migration, and to emphasize women's right to live fulfilled and healthy lives beyond simple survival. Protection should go beyond humanitarianism and beyond the immediate needs of victims towards repairing harms and contributing to reductions in care and health inequalities and in cycles of deprivation and exclusion. To do so would enable migrant women and girls to rebuild their lives with dignity.

Redressing harm to migrant women

As we have seen in this chapter, migrant women frequently prioritize their family's health and wellbeing over their own. But care for others and self-care shouldn't be either/or. Policies must enable both, otherwise women are left to prioritize who deserves basic rights. This is why it is so important to have programmes that go beyond shelter and instead are

'*Dejamos nuestra salud, nuestros problemas y muchas cosas atrás, siempre solo pensando en ellos [nuestros hijos e hijas] y solamente en ellos y en su bienestar. Nosotras estamos dispuestas a ser humilladas, estamos dispuestas a aguantar todo— aun a pasar hambre— por nuestros hijos. Es algo doloroso que ellos tengan que ver nuestra situación. Si un hombre nos golpea, que uno tenga que aguantar humillación por tenerlos bien a ellos, por darles un bocado de comida*' (Royra, 17 de julio de 2021, Manaos, Brasil)

Ciertas elecciones que tienen que hacer las migrantes y, en particular, las mujeres migrantes forzadas se vuelven aún más difíciles debido a las políticas que ignoran el papel de las mujeres como cuidadoras. Las experiencias de las mujeres desplazadas sugieren que los cambios sociales, culturales y de estilo de vida, como la pérdida de redes familiares y de amistad y el aumento de los estados de precariedad y pobreza, son factores que impactan en su bienestar y oportunidades de integración inmediata y a largo plazo. Para muchas mujeres migrantes es muy difícil salir adelante — meta repetidamente enfatizada por las participantes— sobre todo para mejorar la vida de sus hijos. Se necesitan soluciones duraderas que sean más sensibles a la cultura y el género para apoyar y empoderar a las mujeres migrantes.

Los muchos desafíos que enfrentan las migrantes se agravan porque reciben poco apoyo. A veces, esto se debe a problemas de burocracia, incluidas las barreras del idioma o la falta de información. En otras ocasiones, hay una sensación de resignación ante las malas condiciones o una sensación de falta de poder. Las mujeres y las niñas en situación de desplazamiento necesitan visibilidad, voz y atención, no solo por sus

focused on giving holistic, empowering, and preventative support and protection to caregivers. Such programmes and policies also have to go beyond emergency services and include long-term projects that enable women to integrate fully in the country of abode.

Labour and social policies supporting care duties for migrants must include actions that improve access to good quality, reliable, and free daycare and full-time schooling so that women can exercise their labour rights equally to their male counterparts. The risks otherwise are protracted feminized poverty amongst the migration community through a cycle of casual, informal, or exploitative work or simply unemployment.

Holistic response is needed: this means targeted and specific policies to improve migrant women's access to formal employment on the one hand, and on the other, policies which care for these women at work such as the effective enforcement of the law against, rape, harassment, and sexual exploitation of women. This would serve to protect and empower migrant women.

Social policies must not only address women as mothers but should also reinforce the importance of their own health, wellbeing, and their rights to live dignified lives. Policies must reflect, for example, that fully experiencing reproductive rights also means having a safe and supportive environment in which to choose whether or not to have a family.

Migrant-specific and gender-sensitive social policies must support the development of networks for migrant women, which help them build strong relationships with both local and migrant communities.

Finally, care services and support for migrant women, including Indigenous migrants, must be culturally sensitive and empowering rather than punitive. Food provision in shelters should be

necesidades sino también porque tienen derechos. Es importante responsabilizar a quienes toman las decisiones cuando existan oportunidades para mejorar las experiencias de maternidad y cuidado de las mujeres migrantes durante la migración, y enfatizar el derecho de las mujeres a vivir una vida plena y saludable más allá de la simple supervivencia. La protección debe ir más allá del humanitarismo y de las necesidades inmediatas de las víctimas para reparar los daños y contribuir a la reducción de las desigualdades en la atención y la salud, así como en los ciclos de privación y exclusión. Hacerlo permitiría a las mujeres y niñas migrantes reconstruir sus vidas con dignidad.

Reparar daños para las mujeres migrantes

Como hemos visto en este capítulo, las mujeres migrantes suelen priorizar la salud y el bienestar de su familia por encima de los suyos propios. Pero el cuidado de los demás y el autocuidado no deberían ser excluyentes. Las políticas deben permitir ambos, de lo contrario las mujeres deben priorizar quién merece derechos básicos. Por eso es tan importante tener programas que vayan más allá del refugio y, en cambio, se centren en brindar apoyo y protección de manera holística, preventiva, y que pueda empoderar a los cuidadores. Dichos programas y políticas también deben ir más allá de los servicios de emergencia e incluir proyectos a largo plazo que permitan a las mujeres integrarse plenamente en el país de residencia.

Las políticas laborales y sociales que apoyen las tareas y actividades de cuidado de las personas migrantes deben incluir acciones que mejoren el acceso a guarderías y escuelas de tiempo completo y de calidad, confiables y gratuitas para que las mujeres puedan ejercer sus derechos laborales en igual condición a sus contrapartes masculinas. De lo contrario, los riesgos son una pobreza feminizada, prolongada entre la

sensitive to and respectful of the specific cultural demands of Indigenous migrant communities. In order to establish these networks and services, there is also an urgent need to create channels for open dialogue with migrant women in order to design and implement appropriate and intersectional institutional responses.

comunidad migratoria a través de un ciclo de trabajo ocasional, informal o de explotación, o simplemente desempleo.

Se necesita una respuesta holística. Esto implica, por un lado, políticas específicas orientadas a mejorar el acceso de las mujeres migrantes al empleo formal y, por otro, políticas que atiendan a estas mujeres en el trabajo, como la aplicación efectiva de la ley contra la violación, la violencia sexual, y la explotación de la mujer. Esto serviría para proteger y empoderar a las mujeres migrantes.

Las políticas sociales no solo deben abordar a las mujeres como madres, sino también reforzar la importancia de su propia salud, bienestar y sus derechos a vivir vidas dignas. Las políticas deben reflejar, por ejemplo, el hecho de que experimentar plenamente los derechos reproductivos también significa tener un entorno seguro y de apoyo en el que se pueda elegir si tener o no una familia.

Las políticas sociales específicas para migrantes y sensibles al género deben apoyar el desarrollo de redes para mujeres migrantes, para que las ayuden a construir relaciones sólidas con las comunidades locales y migrantes.

Finalmente, los servicios de atención y apoyo para las migrantes, incluidas las migrantes indígenas, deben ser culturalmente sensibles y con capacidad de empoderar, en lugar de ser punitivos. La provisión de alimentos en los albergues debe ser sensible y respetuosa con respecto a las demandas culturales específicas de las comunidades indígenas migrantes. Para establecer estas redes y servicios, también es urgente crear canales de diálogo abierto con las mujeres migrantes a fin de diseñar e implementar respuestas institucionales apropiadas e interseccionales.

Gendered forms of violence
Formas de violencia de género

'We See the Faces, but Don't Know Their Hearts' by Eolannis.
October 2021, Manaus, Brazil

'Cara vemos, corazones no sabemos' por Eolannis.
Octubre de 2021. Manaos, Brasil

Gendered violence in displacement

Gender-based violence is the biggest killer of women and girls aged 19 to 44 worldwide (True, 2012). It is multi-faceted and intersecting, and it may appear as physical, sexual, psychological, or economic violence. Gender-based violence is known to cause injury, sexually-transmitted infections, pregnancy and pregnancy complications, mental illness, and even death (Freedman, 2016, PAHO; 2019; Mayblin et al., 2020). For many women and girls, migration offers an escape from this violence. However, survivors often continue to face profound challenges that affect their personal, social, and economic opportunities during displacement and where they settle, as a result of their experience.

Migration can also expose women and girls to violence. Female forced migrants are particularly exposed to risks of exploitation, sexual violence, and risky sexual behaviour for survival. For a migrant woman or girl, the possibility and manifestation of gender-based violence are impacted by the length of her journey, her means of travel, her legal status, the policies which grant or deny access to migrant-friendly health and social services, and the working and living conditions to which she is subject. Survivors of violence may then also face reduced access to resources or support for mitigating the impact of violence because of their socioeconomic status, race or ethnicity, age, dis/ability, sexual orientation, or migrant status (Freedman, 2014). All of these factors have significant and life-altering impacts on survivors.

Gender-based violence is intimately linked to political and economic structures which create systems of power and social relations that are inherently harmful and unfair for many women (True, 2012; Harcourt, 2016). The impact of these structures on migrants is apparent and manifests as forms of violence. Women and girls in forced displacement live at the margins of political, social, and

Violencia de género en el desplazamiento

La violencia de género es la principal causa de muerte de mujeres y niñas de 19 a 44 años en todo el mundo (True, 2012). Este tipo de violencia es multifacética y transversal, y puede manifestarse como violencia física, sexual, psicológica o económica. Se sabe que la violencia de género puede causar lesiones, infecciones de transmisión sexual, embarazos y complicaciones del embarazo, enfermedades mentales e incluso puede llevar a muerte (Freedman, 2016, PAHO, 2019; Mayblin, et al 2020). Para muchas mujeres y niñas, la migración ofrece un escape a esta violencia. Sin embargo, las sobrevivientes a menudo continúan enfrentando profundos desafíos que afectan sus oportunidades personales, sociales y económicas durante el desplazamiento y allí donde se establecen.

La migración también puede exponer a las mujeres y las niñas a la violencia. Las migrantes forzadas están especialmente expuestas a riesgos de explotación, violencia sexual y conductas sexuales de riesgo para sobrevivir. Para una mujer o niña migrante, la posibilidad y la manifestación de la violencia de género se ven determinadas por la duración de su viaje, los medios de viaje, su estatus legal, por las políticas que otorgan o niegan el acceso a servicios sociales y de salud a las personas migrantes, y las condiciones de vida y de trabajo a las que están sujetas. Las sobrevivientes de esta violencia también pueden enfrentar un acceso reducido a recursos o apoyo para mitigar el impacto de la violencia debido a su condición socioeconómica, raza o etnia, edad, discapacidad, orientación sexual o condición de migrante (Freedman, 2014). Todos estos factores tienen impactos significativos que alteran la vida de las sobrevivientes.

La violencia de género está íntimamente ligada a las estructuras políticas y económicas que crean sistemas de poder y relaciones sociales que son intrínsecamente

economic structures. Poverty, lack of access to decent formal work, isolation from support networks, lack of familiarity with a new country, and sometimes irregular migration status all create and perpetuate situations of disadvantage, vulnerability, and gender-based violence for migrant women and girls and limit their access to resources.

What's more, experiencing gender-based violence has a long-term detrimental impact on migrant women and girls' health and wellbeing. The photographs and testimonies included here detail some of the ways that female migrants experience gender-based violence before, during, and after leaving their homes. They broaden conceptualizations of violence in displacement and demonstrate the need for further policy attention. Migrant women and girls deserve to be kept safe from gendered violence as is their human right and granted the resources to live full, healthy, and happy lives.

dañinas e injustas para muchas mujeres (True, 2012; Harcourt, 2016). El impacto que tienen estas estructuras sobre las migrantes es evidente y se manifiesta en varias formas de violencia. Muchas mujeres y niñas desplazadas viven al margen de las estructuras políticas, sociales y económicas. La pobreza, la falta de acceso a un trabajo formal digno, el aislamiento de las redes de apoyo, la falta de familiaridad con un nuevo país y, en ocasiones, el estatus migratorio irregular crean y perpetúan situaciones de desventaja, vulnerabilidad y violencia de género para mujeres y niñas migrantes y limitan su acceso a varios recursos.

Además, sufrir violencia de género tiene un impacto negativo a largo plazo en la salud y el bienestar de las mujeres y niñas migrantes. Las fotografías y testimonios incluidos aquí detallan algunas de las formas en que las migrantes experimentan la violencia de género antes, durante y después de salir de su país de origen. También amplían las conceptualizaciones de la violencia durante el desplazamiento y demuestran la necesidad de una mayor atención política. Las mujeres y niñas migrantes merecen estar a salvo de la violencia de género y poder contar con los recursos para vivir vidas plenas, saludables y felices, lo cual es su derecho humano.

Experiencing violence

Sexual objectification and violence

La experiencia de la violencia

Cosificación y violencia sexual

'It is difficult to get work here for us women because, first of all, most of the men who own their businesses want to psychologically abuse women. They believe that all women are the same and that women will offer their bodies to them easily. They want to come here and abuse us single mothers. That is why I have worked for just 25 reais a day, or even 15, or 10 reais. It has been difficult for us. Working a hard job for a whole day for just 25 *reais* is not easy. It is mostly in informal jobs that men want to abuse [women]. Because you have a pretty face or because you have a nice behind, they want to abuse you. Sometimes they make indecent proposals to you so that you take the job. You're left deciding between doing the job for them the way they tell you to, or not taking the job at all.' (La Pisciana Más Bella, 02 October 2021, Manaus, Brazil)

'Es difícil conseguir trabajo aquí para nosotras, las mujeres porque, en primer lugar, la mayoría de los hombres que son dueños de sus negocios quieren abusar psicológicamente de las mujeres. Creen que todas las mujeres son iguales y que las mujeres pueden dar su cuerpo fácilmente. Los hombres quieren venir y abusar de nosotras las mujeres que somos madres solteras. Por eso he trabajado por apenas 25 reales al día, o incluso 15 o 10 reales. Ha sido difícil para nosotros. Trabajar un día entero en un trabajo duro por solo 25 reales no es fácil. Es principalmente en los trabajos informales donde los hombres quieren abusar [de las mujeres]. Porque tienes una cara bonita o porque tienes un lindo trasero quieren abusar de ti. A veces te hacen propuestas indecentes para que consigas el trabajo. O decides hacer el trabajo con ellos como te dicen, o no aceptas el trabajo.' (La Pisciana Más Bella, 2 de octubre de 2021, Manaos, Brasil)

'Unemployed Woman I' by Marisol. October 2021. Manaus, Brazil

'Mujer desempleada I' por Marisol. Octubre de 2021. Manaos, Brasil

'I had the experience of working in a bakery. I have a 16-year-old daughter. When my boss saw my daughter, he immediately wanted to hire her. You can't do that; she's a minor. But he said he was attracted to my daughter. I had to leave my job. I had to move away but I couldn't get another job. I ended up cleaning houses, selling sweets, selling just about anything.' (Yuritza, 02 October 2021, Manaus, Brazil)

'Tuve la experiencia de trabajar en una panadería. Tengo una hija de 16 años. Cuando mi jefe vio a mi hija, inmediatamente quiso contratarla. No puedes hacer eso. Ella es menor de edad. Pero dijo que se sentía atraído por mi hija. Tuve que dejar mi trabajo. Tuve que mudarme, pero no pude conseguir otro trabajo. Terminé limpiando casas, vendiendo cualquier cosa, vendiendo dulces.' (Yuritza, 2 de octubre de 2021, Manaos, Brasil)

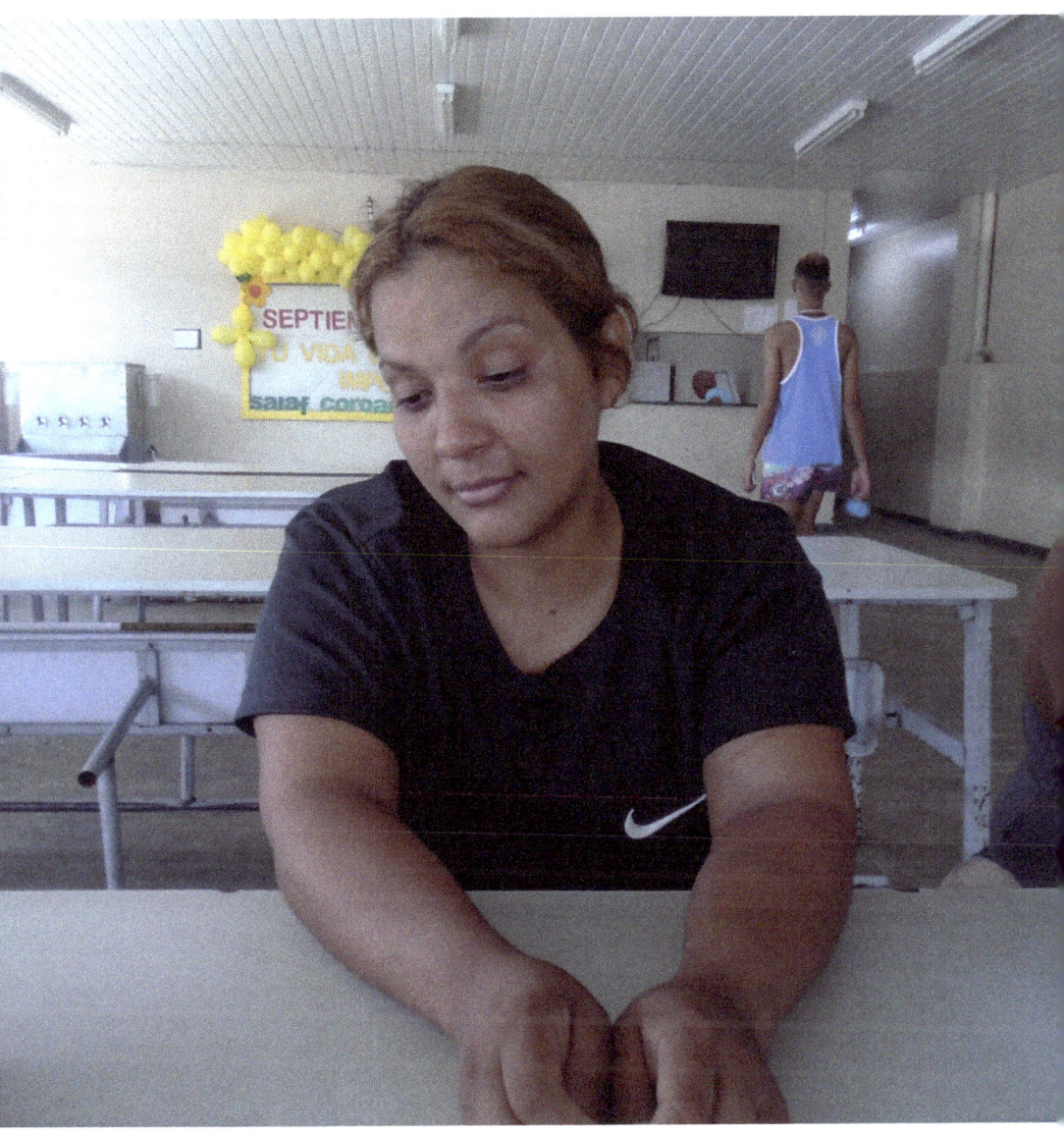

'Unemployed Woman II' by Marisol. October 2021. Manaus, Brazil

'Mujer desempleada II' por Marisol. Octubre de 2021. Manaos, Brasil

Migrant women and girls become more vulnerable when they are assigned particular social statuses and roles within host societies. These roles are dictated by social norms and can cause harmful degradation, devaluation, and discrimination (Freedman, 2015: 20; Christian and Dowler, 2019).

For example, poverty, desperation, and other barriers to accessing decent formal labour can leave Venezuelan women at increased risk of sexual exploitation and rape through so-called 'transactional sex' – the exchange of sex for food, shelter, money, or other benefits in situations of extremely constrained 'choice'. However, harmful stereotypes and the hypersexualization of migrant women and girls have emerged as a result, further constraining their opportunities. Some women identified the normalization of men's predatory behaviour towards them and their teenage daughters. For example, local business owners offered work, money, or goods in exchange for sexual favours. This kind of sexual objectification of migrant women and girls reproduces racist, sexist, and discriminatory stereotypes and power relations within society, which ends up further constraining their choices, lived experience, and access to rights during their migratory journeys.

Migrant women's poverty, their precarious or irregular legal status, and their need to support their families, when coupled with societal racism/xenophobia and misogyny, leaves them vulnerable to the risks of sexual harassment and exploitation in the workplace – despite their right to work in dignified and safe spaces, and to live a life free from violence.

Las migrantes se vuelven más vulnerables cuando se les asignan roles y estatus sociales particulares dentro de las sociedades de acogida. Estos roles están dictados por normas sociales y pueden causar degradación, devaluación y discriminación dañinas (Freedman, 2015: 20; Christian y Dowler, 2019).

Por ejemplo, la pobreza, la desesperación y otras barreras para acceder a un trabajo formal decente pueden dejar a las mujeres venezolanas en mayor riesgo de explotación sexual y violación a través del llamado 'sexo transaccional': el intercambio de sexo por comida, vivienda, dinero u otros beneficios en situaciones de 'elección' extremadamente restringida. Como resultado, surgen estereotipos nocivos y la hipersexualización de las mujeres y niñas migrantes, lo que limita aún más sus oportunidades. Algunas mujeres identificaron la normalización del comportamiento depredador de los hombres hacia ellas y sus hijas adolescentes, donde, por ejemplo, los dueños de negocios locales ofrecían trabajo, dinero o bienes a cambio de favores sexuales. Esta cosificación sexual de las mujeres y niñas migrantes reproduce estereotipos y relaciones de poder racistas, sexistas y discriminatorias en la sociedad que limitan aún más sus opciones y el disfrute de sus derechos y la dignidad durante sus viajes migratorios.

La pobreza, el estatus legal precario o irregular de las mujeres migrantes y la necesidad de mantener a sus familias, junto con el racismo/xenofobia y la misoginia, las dejan vulnerables a los riesgos de acoso sexual y de la explotación sexual en el lugar de trabajo. Pero las mujeres tienen derecho a trabajar en espacios dignos y seguros, y tienen derecho a vivir una vida libre de violencia.

Intimate partner and familial violence

Violencia familiar y de pareja

'The photo is about sexual abuse. Many women keep quiet about it. We don't say anything. Sometimes we don't even tell our own partners. When I was younger, I went through something similar and, unfortunately, I had no support. You don't forget something like that. It stays with you. It's kind of intense. I was six years old.' (Maryset, 17 July 2021, Manaus, Brazil)

'La foto es sobre abuso sexual. Muchas mujeres guardan silencio al respecto. No decimos nada. A veces ni siquiera se lo contamos a nuestras propias parejas. Cuando era más joven, pasé por algo similar y, lamentablemente, no tuve apoyo. No olvidas algo así. Se queda contigo. Es un poco intenso. Yo tenía seis años de edad.' (Maryset, 17 de julio de 2021, Manaos, Brasil)

'There Is Much More Than Abuse' by Maryset. July 2021. Manaus, Brazil

'Hay mucho más que abuso' por Maryset. Julio de 2021. Manaos, Brasil

'My photo is called "The Silence of Life" because every woman at some point is abused and maltreated by their partner. And we remain practically silent and endure everything for our family and our children. The first photo is me reflecting on my life, on all the blows I have endured to protect my family and to carry on, to give my children another future.' (La Morena, 02 October 2021, Manaus, Brazil)

'Mi foto se llama "El silencio de la vida" porque toda mujer en algún momento es abusada y maltratada por su pareja. Y nos quedamos prácticamente en silencio y aguantamos todo por nuestra familia y nuestros hijos. La primera foto soy yo reflexionando sobre mi vida, sobre todos los golpes que he soportado para proteger a mi familia y seguir adelante para darles a mis hijos otro futuro.' (La Morena, 2 de octubre de 2021, Manaos, Brasil)

'The Silence of Life I' by La Morena (pseudonym). October 2021. Manaus, Brazil

'El silencio de la vida I' por La Morena (seudónimo). Octubre de 2021. Manaus, Brasil

'Men always think that you are their property but we're not. Even if we've spent two, three, or four years without anything from them, we're still their property. And I experienced that. I have been far away from him for three years, but he thinks I have always been his. He doesn't let me have another partner. He says he's going to kill me.' (La Morena, 02 October 2021, Manaus, Brazil)

'Los hombres siempre piensan que eres de su propiedad pero no lo somos. Incluso si hemos pasado dos, tres o cuatro años sin nada de ellos, seguimos siendo su propiedad. Y experimenté eso. He estado lejos de él durante tres años, pero él piensa que siempre he sido suya. No me deja tener otra pareja. Dice que me va a matar.' (La Morena, 2 de octubre de 2021, Manaos, Brasil)

GENDERED FORMS OF VIOLENCE

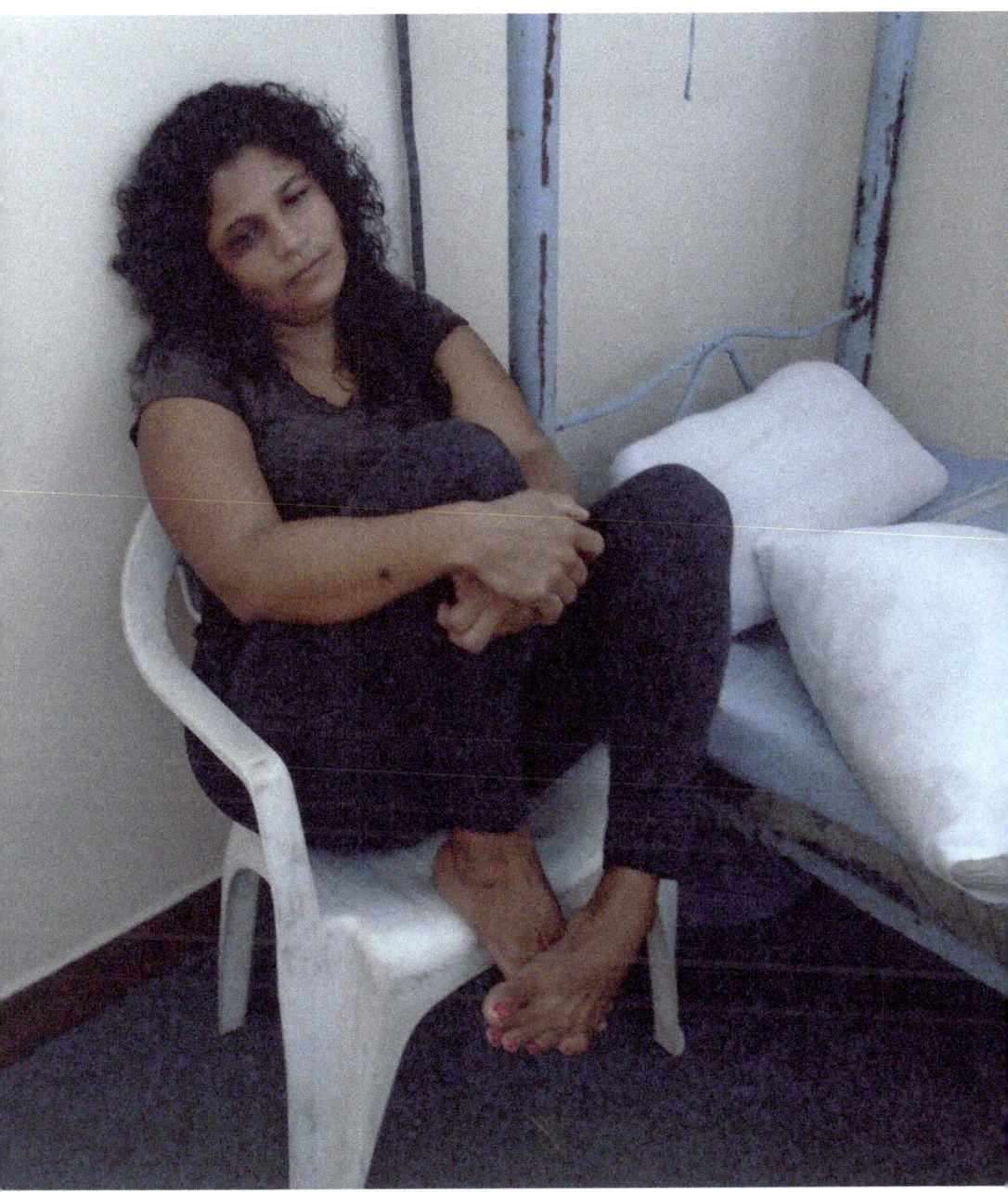

'The Silence of Life II' by La Morena (pseudonym).
October 2021. Manaus, Brazil

*'El silencio de la vida II' por La Morena (seudónimo).
Octubre de 2021. Manaus, Brasil*

'Well, my biggest challenge was when I lived in Pacaraima. My mum had a husband and it was going well. But when she decided to separate from him, he threatened her. He told her that he was going to kill her and things like that. She left him and that's why at that time I had to return to Venezuela. My brother was in Venezuela. We took the opportunity to do two things at the same time: run away from him and collect my brother. It was only when we found out that my mum's ex had disappeared or had gone further into Brazil that we were able to return here. It is because of that that we were able to get back to this shelter to start our lives again.' (Eolannis, 16 October 2021, Manaus, Brazil)

'Bueno, mi mayor desafío fue cuando vivía en Pacaraima. Mi madre tenía marido y le iba bien. Pero cuando ella decidió separarse de él, él la amenazó. Le dijo que la iba a matar y cosas así. Ella lo dejó y por eso en ese momento tuve que regresar a Venezuela. Mi hermano estaba en Venezuela. Aprovechamos para hacer dos cosas a la vez: huir de él y recoger a mi hermano. Solo cuando nos enteramos de que el ex de mi madre había desaparecido o se había adentrado más en Brasil, pudimos regresar aquí. Es por eso que pudimos regresar a este refugio para comenzar nuestras vidas de nuevo.' (Eolannis, 16 de octubre de 2021, Manaos, Brasil)

'We See the Faces, but Don't Know Their Hearts' by Eolannis.
October 2021, Manaus, Brazil

*'Cara vemos, corazones no sabemos' por Eolannis.
Octubre de 2021. Manaos, Brasil*

'As you can see in the photo, it's about what I've been through. I've been enduring beatings for six years. The second photo reflects how I always end up after being hit: hugging my two children. They are the only things I have. Life has hit me hard too because in Boa Vista I had no one. I spent about three days living on the street with my children. Here in the shelter, I was also abused several times. The last time, I couldn't take it anymore. I spoke up and one of the other women here from the shelter called the security guard and they threw him out. The other women were the ones who helped me. I remember - I will never forget - that one of them told me, "Ni una más [Not one more femicide][3]."' (Creo En Dios, 02 October 2021, Manaus, Brazil)

'Women are very exposed in society. A single woman moving from her country to another country without money is often mistreated. I saw one case where the woman was very shy, she didn't speak to anyone. I could never talk to her. She just laughed and she would go out begging in the streets. She had a relationship with a guy. That guy abused her and eventually killed her. No one knew how to get in touch with any of her relatives. I don't know if she had children or if she hoped to take her things to her children. We all have hopes. It's something that has stayed with me.' (Yoselin, 17 July 2021, Manaus, Brazil)

'Como se puede ver en la foto, se trata de lo que he pasado. He estado soportando palizas durante seis años. La segunda foto refleja cómo termino siempre después de un golpe: abrazando a mis dos hijos. Son las únicas cosas que tengo. La vida también me ha golpeado fuerte porque en Boa Vista no tenía a nadie. Pasé unos tres días viviendo en la calle con mis hijos. Aquí en el refugio también fui abusada varias veces. La última vez, no pude soportarlo más. Hablé y una de las otras mujeres aquí del refugio llamó al guardia de seguridad y lo echaron. Las otras mujeres fueron las que me ayudaron. Recuerdo— nunca olvidaré— que una de ellas me dijo, "Ni una más."'[3] (Creo En Dios, 2 de octubre de 2021, Manaos, Brasil)

'Las mujeres están muy expuestas en la sociedad. Una mujer soltera que se muda de su país a otro país sin dinero a menudo es maltratada. Vi un caso donde la mujer era muy tímida, no hablaba con nadie. Nunca pude hablar con ella. Ella solo sonreía y salía a mendigar por las calles. Tenía una relación con un chico. Ese tipo abusó de ella y finalmente la mató. Nadie sabía cómo ponerse en contacto con ninguno de sus familiares. No sé si tenía hijos o si esperaba llevar sus cosas a sus hijos. Todos tenemos esperanzas. Es algo que se ha quedado conmigo. (Yoselin, 17 de julio de 2021, Manaos, Brasil)

'Woman Who Loves Her Children (Mother's Love)' by Creo En Dios (pseudonym). October, 2021. Manaus, Brazil

'Mujer que ama a sus hijos (Amor De Madre)' por Creo En Dios (seudónimo). Octubre de 2021. Manaos, Brasil

'My photo is about violence and abuse. My story is very complicated. Here in Brazil, I suffered abuse, mistreatment, many things. Once my ex-partner cut my hair, as you can see in my photo. He abused me all the time. He wanted me to be submissive. One day I went and reported him. I had the courage to report him! Because of that he is in prison and I feel more protected. I'm here in Brazil to raise my children. Even though I was going through all of that, I felt like a fighting woman. I don't need any man in order to move forward with my children.' (Rosannys, 02 October 2021, Manaus, Brazil)

'Mi foto se trata sobre violencia y abuso. Mi historia es muy complicada. Aquí en Brasil sufrí abusos, maltratos, muchas cosas. Una vez mi expareja me cortó el cabello, como puedes ver en mi foto. Me violentaba todo el tiempo. Me quería sometida. Un día fui y lo denuncié. Tuve la valentía de denunciarlo. Por eso él está preso y me siento más protegida. Estoy aquí en Brasil para sacar adelante a mis hijos. A pesar de que pasé por todas esas cosas, me sentía como una mujer luchadora. No necesito a ningún hombre para poder seguir adelante con mis hijos.' (Rosannys, 2 de octubre de 2021, Manaos, Brasil)

'Abuse' by Rosannys (pseudonym). October 2021, Manaus, Brazil

'Abuso' por Rosannys (seudónimo). Octubre de 2021. Manaos, Brasil

Intimate-partner violence occurs for many women in all stages of migration: before migrating, during transit, and in host societies.

Many migrant women and adolescent girls experience sexual abuse in childhood, which creates long-term impacts on them and their children. Talking about experiences of abuse is not easy and can cause further pain and trauma for migrant women. For many, talking about the domestic abuse they suffer as adults is similarly challenging. For this reason, safe spaces for adequate and systematic protection and reporting are essential.

Another dangerous issue is women's lack of social circles for support. As a result of migration, women's social networks become fractured, putting their safety further at risk. Creo en Dios (pseudonym), one of the women featured in this book, recalled the femicide of a woman she met in a shelter, who had no family connections or social network in Brazil. Femicide is the maximum expression of violence against women, and for migrant women, the possibility of it happening to them is very real. Migrant women are even more vulnerable because they do not have support networks or resources that allow them to escape violent situations in new countries. For example, one woman described how she felt trapped in a physically abusive relationship due to a lack of friends and family for support.

Reporting abusers and leaving them is often the most dangerous thing survivors of domestic violence can do. It places both them and their children at great risk – but so does staying. Another woman explained: 'We do not dare [to speak] out of shame, out of embarrassment.' The availability of safe spaces in shelters and referential places for migrants is vital in these situations. These spaces can enable women to leave situations of danger and report them while recognizing their right to a life free from violence. In the case of Creo en Dios, it was only when she started to create a network with other migrant women that she felt more secure and able to ask for help.

La violencia de pareja ocurre para muchas mujeres en todas las etapas de la migración: antes de migrar, durante el tránsito y en las sociedades de acogida.

Muchas mujeres y niñas adolescentes migrantes experimentan abuso sexual en la infancia, lo que crea impactos a largo plazo en ellas y sus hijos. Hablar de experiencias de abuso no es fácil y puede causar aún más dolor y trauma a las mujeres migrantes. Para muchas, hablar sobre el abuso doméstico que sufren cuando son adultas es un desafío similar. Por ello, los espacios seguros para una adecuada y sistemática protección y denuncia son fundamentales.

Otro problema peligroso es la falta de apoyo de círculos sociales a las mujeres. Como resultado de la migración, las redes sociales de las mujeres se fracturan, lo que pone aún más en riesgo su seguridad. Creo en Dios (seudónimo), una de las mujeres que participa en este libro, recordó el feminicidio de una mujer que conoció en un albergue, que no tenía conexiones familiares ni red social en Brasil. El feminicidio es la máxima expresión de la violencia contra las mujeres y para las mujeres migrantes la posibilidad de que les suceda es muy real. Las migrantes son aún más vulnerables porque no cuentan con redes de apoyo ni recursos que les permitan escapar de situaciones de violencia en nuevos países. Por ejemplo, una mujer describió cómo se sentía atrapada en una relación físicamente abusiva debido a la falta de apoyo de amigos y familiares.

Reportar a los abusadores o alejarse de ellos es a menudo lo más peligroso que pueden hacer las sobrevivientes de violencia doméstica. Las pone a ellas y a sus hijos en gran riesgo, lo que les lleva a quedarse. Otra mujer explicó: 'No nos atrevemos [a hablar] por pena, por vergüenza'. La disponibilidad de espacios seguros en los albergues y lugares de referencia para las personas migrantes es vital en estas situaciones. Estos espacios pueden permitir a las mujeres salir de situaciones de peligro y denunciar, reconociendo su derecho a una vida libre de violencia. En el caso de Creo en Dios, fue solo cuando comenzó a crear una red con otras mujeres migrantes que se sintió más segura y capaz de pedir ayuda.

'Violence and Abuse' by Briyis. October 2021, Manaus, Brazil

'Violencia y abuso' por Briyis. Octubre de 2021. Manaos, Brasil

Structural violence

Violencia estructural

'My photo is about my own story. For me it was terrible. On the way here, we had little money left. [The *trocheros*] took away everything we had with us. They were going to kill us if we didn't give them money. They threatened us, saying that if the federal police came, we would be deported. They left us in the middle of the desert for the federal police to catch us.' (Laura Paussini, 02 October 2021, Manaus, Brazil)

'[Travelling by *trochas*] was very risky. There were criminals on those *trochas* who abused, mistreated, and even raped women. They robbed men; they killed men and the heads of families if they did not pay. They robbed them, killed them, and threw their bodies in the river. We had to face the federal police many times. Once the federal police took two children and an adult from me. They threw tear gas canisters at me and they said, "You know that they are illegal! You are illegal."' (Yuritza, 02 October 2021, Manaus, Brazil)

'*Mi foto es sobre mi propia historia. Para mí fue terrible. De camino aquí, nos quedaba poco dinero. [Los trocheros] se llevaron todo lo que teníamos. Nos iban a matar si no les dábamos dinero. Nos amenazaron diciendo que si venía la policía federal nos deportarían. Nos dejaron en medio del desierto para que nos atrapara la policía federal.*' (Laura Paussini, 2 de octubre de 2021, Manaos, Brasil)

'*[Viajar en trochas] era muy arriesgado. En esas trochas había delincuentes que abusaban, maltrataban y hasta violaban a las mujeres. Robaron a los hombres. Mataban hombres y cabezas de familia si no pagaban. Los robaron, los mataron y arrojaron sus cuerpos al río. Muchas veces tuvimos que enfrentarnos a la policía federal. Una vez la policía federal me quitó a mis dos niños y a mi pareja. Me tiraron bombas lacrimógenas y me dijeron: "¡Você sabe que son ilegales! Usted es ilegal."*' (Yuritza, 2 de octubre de 2021, Manaos, Brasil)

'A Bitter Memory' by Laura Paussini (pseudonym).
October, 2021. Manaus, Brazil

*'Un recuerdo amargo' por Laura Paussini (seudónimo).
Octubre de 2021. Manaos, Brasil*

'One day he made the decision. Even with the border closed, he told his wife, "Come, this is the moment." She went to him and walked I don't know how many blocks. She said that she cried like a little girl for her children because they walked so much. They had to cross the *trocha* at night because the Brazilian border was militarized. They had to run. She was about to get in the car that was waiting for her when the federal police arrived. She lost one of her children. She didn't know where he was. It was a desperate time. But now they are united. She arrived six months ago and now she is five months pregnant. They planned for another child who is now on the way. That's what my photo is about.' (Yumariellis, 17 July 2021, Manaus, Brazil)

'I ran with my children through the *trocha* because the guards were watching us. I was afraid that the guards would take my children away from me. My children were scared.' (La Pisciana Más Bella, 02 October 2021, Manaus, Brazil)

'Un día él tomó la decisión, mismo con la frontera cerrada. Le dijo a su esposa "vente que éste es el momento" y ella se vino, caminó no sé cuantas cuadras. Lloró como una niña, como ella misma lo dice, por sus hijos, porque caminaban tanto. Tuvieron que pasar trocha de noche, porque cuando ellos pasaron ya estuvo militarizada la frontera de Brasil. Ella cuenta que llegó un momento en que tuvieron que correr porque ella se iba a montar en el carro que la estaba supuestamente esperando para traerla para Boa Vista y llegó justamente la policía federal, pero dice que no encontraba el niño, no sabía dónde estaba. Fue un momento de desesperación. Pero ahorita están unidos y en su planificación. Ella tiene ahorita seis meses desde que llegó y tiene cinco meses de embarazo. Planificaron otra criatura que viene en camino y eso es lo que muestra mi primera foto.' (Yumariellis, 17 de julio de 2021, Manaos, Brazil)

'Corrí con mis hijos por la trocha porque los guardias nos miraban. Tenía miedo de que los guardias me quitaran a mis hijos. Mis hijos estaban asustados.' (La Pisciana Más Bella, 2 de octubre de 2021, Manaos, Brasil)

'Making a Family' by Yumarielis. July 2021, Manaus, Brazil

'Formación familiar' por Yumarielis. Julio de 2021. Manaos, Brasil

'For me, migration represents the challenge of being judged. You can be judged for being a single mother, for raising your child alone. People are going to judge [migrant women] without knowing their story. For me, migration represents that: being judged without them considering your feelings, without them knowing your situation.' (Sheylimar, 17 July 2021, Manaus, Brazil)

'Para mí la migración representa el desafío de ser juzgada. Te pueden juzgar por ser madre soltera, por criar sola a tu hijo. La gente va a juzgar [a las mujeres migrantes] sin conocer su historia. Para mí la migración representa eso: ser juzgada sin que consideren tus sentimientos, sin que conozcan tu situación.' (Sheylimar, 17 de julio de 2021, Manaos, Brasil)

'Untitled' by Yennimar. July 2021, Manaus, Brazil

'Sin título' por Yennimar. Julio de 2021. Manaos, Brasil

MOVING FORWARD

As the women in this book explain, gendered violence occurs within intimate and familial relationships, in streets and neighbourhoods, in work environments, and indeed in shelters. Direct physical, sexual, and psychological harm is repeatedly identified by the participants as being an urgent challenge. But there is also evidence here of indirect structural violence expressed through harmful racist and gendered violence at borders and within protection systems in Brazil.

Travelling irregularly exposes women to a web of direct and indirect violence, including sexual violence and threats to their life. When they travel on the *trochas*, irregular migratory routes that require walking on alternative, non-urbanized paths, or through jungle and mountains, women are targets for armed and criminal gangs. Travelling by *trochas* and using *trocheros* not only makes journeys long and dangerous, but also means migrants are subject to arbitrary pronouncements of the smugglers who often demand more payment as they go along, or even sex from women. Precarious socioeconomic conditions therefore make migrants even more vulnerable to violence during transit.

Yet regular routes do not guarantee safety for migrants either. Border violence – the threat of forced return or direct violence at the hands of border patrol – is another manifestation of some of the power relations that affect migrant women and girls' rights and dignities.

Borders are also violent sites of family separation, sometimes as a result of border control of the country women want to reach to seek protection. Although children and women are at particular risk of trafficking, the militarization of borders prioritizes improving national security over the safety of incoming migrants. Migrants are perceived as threats, leaving them exposed to risk and essentially without rights.

The outbreak of COVID-19 and subsequent closure of borders increased the risk of violence, dispossession, and indignities suffered by migrant women and girls.

SALIR ADELANTE

Como explican las mujeres en este libro, la violencia de género ocurre dentro de las relaciones íntimas y familiares, en las calles y los barrios, en los entornos laborales y también, incluso, en los albergues. Las participantes identifican repetidamente el daño físico, sexual y psicológico directo como un desafío urgente. Pero aquí también hay evidencia de violencia estructural indirecta expresada a través de la nociva violencia racista y de género en las fronteras y dentro de los sistemas de protección en Brasil.

Viajar de forma irregular expone a las mujeres a una red de violencia directa e indirecta, incluida la violencia sexual y las amenazas contra su vida. Las mujeres son blanco de grupos armados y criminales cuando viajan por trochas, rutas migratorias irregulares que requieren caminar por caminos alternativos, no urbanizados, o a través de la selva y la montaña. Viajar por esas vías y usar trocheros (traficantes de migrantes) no solo hace que los viajes sean largos y peligrosos, también significa que las personas migrantes están sujetas a pronunciamientos arbitrarios de los traficantes que a menudo exigen más pago a medida que avanzan, o incluso sexo. Las condiciones socioeconómicas precarias hacen que los migrantes sean aún más vulnerables a la violencia durante el tránsito.

Sin embargo, las rutas regulares tampoco garantizan la seguridad de las migrantes. La violencia fronteriza —la amenaza del retorno forzado o la violencia directa a manos de oficiales de frontera— es otra manifestación de algunas de las relaciones de poder que afectan los derechos y la dignidad de las mujeres y niñas migrantes.

Las fronteras también son lugares violentos de separación familiar, a veces como resultado del control fronterizo del país al que las mujeres quieren llegar para buscar protección. Aunque las niñas y las mujeres corren el riesgo particular de la trata, la militarización de las fronteras prioriza en gran medida la seguridad nacional

GENDERED FORMS OF VIOLENCE

However, far from being deterred from migrating, these women continued on their journeys due to their necessities and a lack of corresponding resources in their country of origin.

Violence is also expressed against migrants, especially migrant women, when they are stereotyped, prejudiced against, and discriminated against in their host societies. These forms of violence are experienced differently by migrant women depending on intersectional characteristics and can be harmful on many levels. For migration policies to improve migrant women's lives, they should not only focus on migrants themselves, but should also be aimed at breaking cycles of stigma and increasing solidarity and sensitivity among host societies.

sobre la seguridad de los migrantes entrantes. Se los percibe como amenazas, dejándolos expuestos a riesgos y prácticamente sin derechos.

El brote de COVID-19 y el posterior cierre de fronteras aumentaron el riesgo de violencia, despojo e indignidad que sufren las mujeres y niñas migrantes. Sin embargo, lejos de verse disuadidas de migrar, estas mujeres continuaron su viaje debido a sus necesidades y la falta de los recursos correspondientes en su país de origen.

La violencia también se expresa contra los migrantes, especialmente las mujeres, cuando son estereotipadas, prejuiciadas y discriminadas en sociedades de acogida. Las mujeres migrantes experimentan estas formas de violencia de manera diferente dependiendo de sus características intersecccionales y pueden ser dañinas a muchos niveles. Para que las políticas migratorias mejoren la vida de las mujeres migrantes, no solo deben centrarse en las propias migrantes, también deben estar dirigidas a combatir estigmas y aumentar la solidaridad y la sensibilidad en las sociedades de acogida.

Intersectional violence

'Here, teenage girls are vulnerable. I've received proposals for my daughter. Once, some wealthy men in their big cars saw me out shopping. They shouted at me and told me, "Hey beautiful, you have a very nice daughter." They took advantage, saying things like, "Isn't it true that you are Venezuelan? That you don't have documentation? I can help you with everything." They promised me everything, and I said no. My daughter was very scared. She would say, "Mum, I'm afraid," and I would say, "Here I am. I am your mother and I will always look out for you." Well, here we are fighting, we are fighting for new social integration and that is the reason [behind these photos].' (Yuritza, 02 October 2021, Manaus, Brazil)

Violencia interseccional

'Aquí, las adolescentes son vulnerables. He recibido propuestas para mi hija. Una vez, unos hombres ricos en sus grandes autos me vieron salir de compras. Me gritaron y me dijeron: "Oye hermosa, tienes una hija muy linda". Se aprovechaban diciendo cosas como: "¿No es verdad que eres venezolana? ¿Que no tienes documentación? Puedo ayudarte con todo." Me prometieron todo y dije que no. Mi hija estaba muy asustada. Ella decía: "Mamá, tengo miedo", y yo decía: "Aquí estoy. Soy tu madre y siempre te cuidaré". Bueno, aquí estamos luchando, estamos luchando por una nueva integración social y esa es la razón [detrás de estas fotos]'. (Yuritza, 2 de octubre de 2021, Manaos, Brasil)

GENDERED FORMS OF VIOLENCE

'New Social Integration' by Yuritza. October 2021. Manaus, Brazil

'Nueva integración social' por Yuritza. Octubre de 2021. Manaos, Brasil

'My young children would stay with my daughter while I went out to beg. Yes, I went out alone. People tell me not to go out with the children because if *Consejo Tutelar* (social services) sees the children in the street, they'll take them away from you. So I would go out alone.' (Alicia, 15 August 2021, Manaus, Brazil)

'Mis hijos se quedaron con mi hija mientras pedía limosna. Sí, yo salía sola. Sí, porque la gente me estaba diciendo que no salgas con los niños porque el Consejo Tutelar, si ve a los niños en la calle, te los va a quitar, se los va a llevar. Entonces yo salí sola.' (Alicia, 15 de agosto de 2021, Manaos, Brasil)

Women, LGBTQIA+[4] migrants, and migrant sex workers face particularly heightened levels of discrimination and gender-based violence at the border, in transit, and in settlement (UNFPA, 2016). Some of the stories in this book particularly highlight the compounding discrimination that Indigenous female migrants face. Warao women's migratory journeys, for example, are shaped by colonialist, state-led persecution and violence against them because of their Indigenous identity.

Migration, in general, is becoming feminized: increasingly more women migrate while men remain in their communities of origin. Many women featured here explained that their motivation to migrate was related to a lack of food, medicine, and other difficult living conditions in Venezuela. For Indigenous Warao women, these poor living conditions are directly related to the erosion of their lands through large-scale development projects that forcibly displace local communities, geographically isolate them from decent medical facilities, and make it increasingly impossible to live traditionally. Yet, upon arrival in Brazil, as we see in the testimonies, women face specific barriers to finding formal, decent work due to low education levels compared to migrant men or non-Indigenous women, amongst other factors (ACNUR, 2021).

Without formal work, some migrant women are forced to earn a living through begging or selling crafts on the street, often with their children in tow. As discussed in the previous chapter, in the case of Warao women, the streets expose them to a further danger: not only do they face precarious social and economic outlooks, but they also face the risk of having their children taken away from them. Warao migrant women who beg or sell on the street are likely to be penalized by local authorities. The *Conselho Tutelar*, Brazil's child protection services, can remove children as a matter of 'social protection' of the child (ACNUR, 2021). The removal of Indigenous children from their parents by authorities is a well-documented racist practice and an unacceptable example of institutional violence against Indigenous

Las mujeres, las personas migrantes LGBTQIA+[4] y los trabajadores y trabajadoras sexuales migrantes enfrentan niveles particularmente altos de discriminación y violencia de género en la frontera, en tránsito y en los asentamientos (UNFPA 2016). Algunas de las historias de este libro destacan, en particular, la creciente discriminación a la que se enfrentan las mujeres indígenas migrantes. Las experiencias migratorias de las mujeres Warao, por ejemplo, están determinadas por la persecución y la violencia colonialista dirigida por el Estado contra ellas debido a su identidad indígena.

La migración, en general, se está feminizando: cada vez más mujeres migran mientras los hombres permanecen en sus comunidades de origen. Muchas mujeres que participaron en este libro explicaron que su motivación para migrar estaba relacionada a la falta de alimentos, medicinas y otras condiciones de vida difíciles en Venezuela. Para las mujeres indígenas Warao, estas malas condiciones de vida están directamente relacionadas con el despojo de sus tierras a través de proyectos de desarrollo a gran escala que desplazan por la fuerza a las comunidades locales, las aíslan geográficamente de lugares donde se ofrecen servicios médicos y hacen cada vez más difícil vivir de forma tradicional. Sin embargo, al llegar a Brasil, como vemos en los testimonios, las mujeres enfrentan barreras específicas para encontrar un trabajo formal y decente debido a los bajos niveles de educación en comparación con los hombres migrantes o las mujeres no indígenas, entre otros factores (ACNUR 2021).

Sin un trabajo formal, algunas mujeres migrantes se ven obligadas a ganarse la vida mendigando o vendiendo artesanías en la calle, a menudo con sus hijos a cuestas. Como se señaló en el capítulo anterior, en el caso de las mujeres Warao, las calles las exponen a un peligro mayor: no solo enfrentan un panorama social y económico precario, sino también el riesgo de que les quiten a sus hijos. Es probable que las autoridades locales sancionen a las mujeres migrantes Warao que mendigan o venden en la calle. El Consejo Tutelar, los servicios

people. Non-Indigenous women who brought their children with them to work selling goods in the streets did not express the same fear that their children would be taken from them. They did, however, feel anxiety, shame, and fear of being judged as bad mothers for having their children with them.

Any solution to tackle violence must also consider the age of the victims. Migrant girls lack the control and autonomy to be able to safely escape situations of family violence and the risks this exposes them to. Some of the teenage girls featured in this book spoke about how violence provoked their desire to return to live in the care of other adult family members in Venezuela, but they felt unable to do so. However, some of the girls worried about the prospect of having to return to their country of origin and live within the reach of their abusers. Their feelings of isolation and helplessness in the face of violence were clear.

Children and adolescents living in homes where domestic violence occurs, and who are unable to safely escape these situations experience trauma and physical and psychological injury. Teenagers are more vulnerable to risky practices to escape violence at home and are particularly vulnerable to early pregnancy, cohabitation, and marriage. Children who grow up witnessing domestic abuse are more likely to become trapped in violent relationships themselves, therefore increasing the risk factors associated with entering these early relationships. Teenagers are almost powerless to safely escape the abuse, violence, and instability that they experience, especially in cases where they are isolated from their extended family. This puts them at risk of immediate and lasting physical, sexual, and psychological injury, and ill health.

Finally, migrant women and adolescent girls with poor socioeconomic conditions, fragile or irregular legal status, and the need to support their families, are more vulnerable to labour exploitation, especially

de protección infantil de Brasil, puede retirar a niños y niñas como una cuestión de 'protección social' (ACNUR 2021). La separación de niños y niñas indígenas de sus madres por parte de las autoridades es una práctica racista bien documentada y un ejemplo inaceptable de violencia institucional contra los pueblos indígenas. Las mujeres no indígenas que traían a sus hijos con ellas a trabajar vendiendo mercancías en las calles no expresaron el mismo temor de que les quitaran a sus hijos. Sin embargo, sí sentían ansiedad, vergüenza y miedo de ser juzgadas como malas madres por tener a sus hijos con ellas.

Cualquier solución para abordar la violencia también debe considerar la edad de las víctimas. Las niñas migrantes carecen de control y autonomía para poder escapar con seguridad de situaciones de violencia familiar y los riesgos a los que las expone. Algunas de las adolescentes que participaron en este libro hablaron de cómo la violencia provocó su deseo de volver a Venezuela y vivir al cuidado de otros familiares adultos que se quedaron allí, pero que eran incapaces de hacerlo. Otras, sin embargo, manifestaron preocupación por tener que regresar a su país de origen y vivir al alcance de sus abusadores. Sus sentimientos de aislamiento e impotencia frente a la violencia eran claros.

Las niñas y adolescentes que viven en hogares donde se produce violencia doméstica y que no pueden escapar de manera segura de estas situaciones experimentan traumas, y en algunos casos, lesiones físicas y psicológicas. Las adolescentes son más vulnerables a prácticas arriesgadas para escapar de la violencia en el hogar y son particularmente vulnerables al embarazo precoz, la convivencia y el matrimonio forzado. Las niñas que crecen siendo testigos de abuso doméstico tienen más probabilidades de quedarse atrapadas en relaciones violentas, lo que aumenta los factores de riesgo asociados con el inicio de estas relaciones sexuales tempranas. Las adolescentes son casi impotentes a la hora de escapar con seguridad del

sexualization, harassment, and abuse in the work environment.

Redressing gendered violence

Although Brazil's normative and policy frameworks and services for migrants are generally recognised as 'progressive', 'open' and 'human rights-based' (Brumat and Finn, 2021; Zapata and Wenderoth, 2021; Hammoud-Gallego and Freier, 2022), persistent gaps in policy and practice still put women at risk. For the full protection of Venezuelan migrant women and girls and the safeguarding of their rights to live a life free from violence, we must tackle forms of direct and structural violence that produce insecure conditions, harm, and indignity for migrant women and girls. Any sustainable, preventative solution to tackle gender-based violence will require increased access to resources.

Some migrant women and girls struggle to find spaces to talk about issues or to find support to deal with – sometimes enduring – gender-based violence. Policies should empower women and girls who feel that they cannot talk about their experiences. As one woman explained, 'As soon as you break down the barrier and lose your fear when facing your reality, what you experienced, this helps other women. We don't need to be afraid; we need to speak.' (Yuritza, 02 October, 2021.)

Safe spaces for adequate and systematic protection and reporting are also essential. Women and girls must have access to psychological and emotional support from professionals trained in trauma and gender-based violence with a particular focus on migrants dealing with these situations in unfamiliar places. That support must treat the gendered experiences of abuse, violence, and harassment they've suffered throughout their lives and the abuse they've suffered due to displacement in order to address their trauma, assist them in moving

abuso, la violencia y la inestabilidad que experimentan, especialmente en los casos donde están aisladas de su familia. Esto les pone en riesgo de sufrir lesiones físicas, sexuales y psicológicas inmediatas y duraderas, así como problemas de salud.

Finalmente, las mujeres y adolescentes migrantes con malas condiciones socioeconómicas, estatus legal frágil o irregular y con la necesidad de mantener a sus familias son más vulnerables a la explotación laboral, especialmente a la sexualización, el acoso y el abuso en el entorno laboral.

Reparar la violencia de género

Aunque en general, en Brasil, los marcos normativos y los servicios para migrantes se consideran 'progresistas', 'abiertos' y 'basados en los derechos humanos' (Brumat y Finn, 2021; Zapata y Wenderoth, 2021; Hammoud-Gallego y Freier, 2022), las brechas persistentes entre la política y la práctica siguen poniendo en riesgo a las mujeres y niñas migrantes. Para la protección integral de las mujeres y niñas migrantes venezolanas y la salvaguarda de sus derechos a vivir una vida libre de violencia, debemos enfrentar las formas de violencia directa y estructural que generan condiciones de inseguridad, daños e indignidad para ellas. Cualquier solución preventiva sostenible para abordar la violencia de género requerirá un mayor acceso a recursos.

Algunas mujeres y niñas migrantes luchan por encontrar espacios para hablar sobre problemas o apoyo para hacer frente a la violencia de género, a veces persistente. Las políticas deben empoderar a las mujeres y niñas que sienten que no pueden hablar sobre sus experiencias. Como explicó una mujer migrante, 'tan pronto como rompes la barrera y pierdes el miedo a enfrentar tu realidad, lo que experimentaste, esto ayuda a otras mujeres. No necesitamos

forward with their lives, and help them to resist violence in the future in their new country.

Furthermore, the authorities must protect migrant women from violence by taking them seriously, punishing abusers, and ensuring that women and adolescents are safe from continued and retaliatory violence. Specific policies, protection services, and reporting mechanisms are needed. Conditions and resources that facilitate empowerment must be available to migrant women and adolescents as a preventive measure to stop the escalation of violence against them and to support them in recognizing gendered violence and coercive control. Protection programmes should provide conditions that support women and girls' ability to shape, choose, and plan their lives in places of settlement, free from violence.

In the same way, policies must also challenge predatory behaviour towards women and girls that results from discrimination and sexual objectification. At societal and institutional levels, gendered and culturally sensitive measures should promote the dignity and social standing of migrant women and girls in society. Specific policies should encourage inclusive and respectful practices in order to break cycles of stigma against migrant women, decrease interpersonal physical and psychological violence, and increase solidarity and sensitivity of local society with migrants and migrant women in particular.

Institutional protection of migrant women and girls must be gendered and specific to the realities of women. Younger migrant women, for example, should be at the centre of protection schemes from labour exploitation and trafficking, and consequent harassment, sexual exploitation, and abuse, considering their greater vulnerability to criminal networks and exploitative employers. Policies must also be culturally sensitive in order to respect the traditions of Indigenous migrants and protect their wellbeing.

tener miedo. Tenemos que hablar.' (Yuriza, 2 de octubre de 2021)

También son esenciales espacios seguros para la protección y la denuncia adecuada y sistemática. Las mujeres y las niñas deben tener acceso al apoyo psicológico y emocional de profesionales capacitados en trauma y violencia de género, con un enfoque particular en migrantes que enfrentan estas situaciones en lugares desconocidos. Ese apoyo debe tratar las experiencias de abuso de género, de violencia y de acoso que han sufrido a lo largo de sus vidas y el abuso que han padecido debido al desplazamiento con objeto de abordar su trauma y ayudarlas a seguir adelante con sus vidas y a resistir la violencia en el futuro, en el nuevo país.

Además, las autoridades deben proteger a las mujeres migrantes de la violencia tomándolas en serio, castigando a los abusadores y asegurando que las mujeres y las adolescentes estén a salvo de mas violencia o represalias. Se necesitan políticas, servicios de protección y mecanismos de denuncia específicos. Las condiciones y recursos que faciliten el empoderamiento deben estar disponibles para las mujeres y adolescentes migrantes como medida preventiva para frenar la escalada de violencia en su contra y apoyarlas en el reconocimiento de la violencia de género y el control coercitivo. Los programas de protección deben proporcionar condiciones que apoyen la capacidad de las mujeres y las niñas para moldear, elegir y planificar sus vidas en lugares de asentamiento, libres de violencia.

De la misma manera, las políticas también deben desafiar el comportamiento depredador hacia mujeres y niñas que resulta de la discriminación y la cosificación sexual. A nivel social e institucional, las medidas de género que son culturalmente sensibles deben promover la dignidad y la posición social de las mujeres y niñas migrantes en la sociedad. Debe haber políticas específicas que fomenten prácticas inclusivas y respetuosas para romper los ciclos de estigma contra las mujeres

A safe border space should be centred on the human rights of migrant women and girls, not solely on national security. Pathways to cross the border must therefore be regularized so that women can travel safely to apply for international protection. Providing gender-sensitive training to border officers would allow them to better identify women at risk and provide immediate protection channels as soon as they cross the border.

Under current circumstances, these women expressed few viable ways to escape violence, especially when living in constrained socioeconomic conditions without networks of support. The risk is not only that violence persists, remains unreported, and is normalized, but also that women and girls naturalize gender-based violence as inevitable, because they are female and because they are migrants. No migrant woman or girl should see violence as an unavoidable situation.

migrantes, disminuir la violencia interpersonal física y psicológica, y aumentar la solidaridad y la sensibilidad de la sociedad local con las personas migrantes y en particular, las mujeres.

La protección institucional de las mujeres y niñas migrantes debe ser de género y específica a sus realidades. Las migrantes más jóvenes, por ejemplo, deberían estar en el centro de los esquemas de protección contra la explotación laboral y la trata, y el consiguiente acoso, explotación y abuso sexual, teniendo en cuenta su mayor vulnerabilidad ante las redes criminales y los empleadores explotadores. Las políticas también deben ser culturalmente sensibles para respetar las tradiciones de los migrantes indígenas y proteger su bienestar.

Los espacios fronterizos seguros deben centrarse en los derechos humanos de las mujeres y niñas migrantes, no solo en la seguridad nacional. Por lo tanto, las rutas para cruzar la frontera deben regularizarse para que las mujeres puedan viajar con seguridad para solicitar protección internacional. Brindar capacitación sensible al género a los oficiales fronterizos les permitiría identificar mejor a las mujeres en riesgo y proporcionar canales de protección inmediata tan pronto como crucen la frontera.

En las circunstancias actuales, muchas mujeres expresaron pocas formas viables de escapar de la violencia, especialmente cuando viven en condiciones socioeconómicas restringidas sin redes de apoyo. El riesgo no es solo que la violencia persista, no se denuncie y se normalice, sino que las mujeres y las niñas naturalicen la violencia de género como inevitable, por ser mujeres y por ser migrantes. Ninguna mujer o niña migrante debe ver o vivir la violencia como una situación inevitable.

'Family Planning' by Yoselin. July, 2021. Manaus, Brazil

'Planificación familiar' por Yoselin. Julio de 2021. Manaos, Brasil

Barriers to sexual and reproductive healthcare

Barreras a servicios de salud sexual y reproductiva

Migration and the search for healthcare

The health needs of displaced women and girls change as they face different challenges at different stages of their migratory journeys, as do the challenges in accessing the healthcare they require. Some set off on their journeys with unaddressed healthcare needs, with the hope of resolving them in their destination country. Others face new issues due to their experiences during displacement. However, the unfamiliarity of their new surroundings and cultural or linguistic differences can impede them from getting the healthcare they need.

Years of severe sanctions and economic crisis have caused health systems in Venezuela to collapse in the last decade. There have been major shortages of medicine and procedures; insufficient hospitals for a growing population; lack of basic services such as electricity and drinking water; and almost no investment in health services. As a result, the majority of the population has faced decreasing access to quality healthcare (CODS, 2021).

The devastating impact of intersecting crises and vulnerabilities in Venezuela on the everyday lives of ordinary people is evident in the photographs and testimonies of the women in this book. Several women mentioned healthcare as a reason for migrating, often in combination with situations of socioeconomic hardship, gender-based violence, and inadequate nutrition.

Access to sexual and reproductive health services is no exception to the poor healthcare in Venezuela. For many women, health problems were heightened by their restricted access to sexual and reproductive healthcare in the country. In addition to situations of scarcity and crisis, lingering conservatism and patriarchal attitudes towards women, sexuality, and family planning affected how women and girls were able to exercise their sexual and reproductive rights in Venezuela. Like in many other

Migración y la búsqueda de atención médica

Las necesidades de salud de las mujeres y niñas desplazadas cambian a medida que enfrentan diversos desafíos en las diferentes etapas de sus viajes migratorios, así como cambian los desafíos para acceder a la atención médica que necesitan. Algunas emprenden sus viajes con necesidades de atención médica no atendidas, con la esperanza de resolverlas en el país de destino. Otras enfrentan nuevos problemas debido a experiencias durante el desplazamiento. No obstante, la falta de familiaridad con el nuevo entorno y las diferencias culturales o lingüísticas pueden impedirles obtener la atención médica que necesitan.

A esta situación se suman años de severas sanciones y una crisis económica que han provocado el colapso de los sistemas de salud en Venezuela en la última década. Existe una gran escasez de medicamentos y procedimientos, hospitales insuficientes para una población creciente, falta de servicios básicos como electricidad y agua potable, y casi ninguna inversión en servicios de salud. Como resultado, la mayoría de la población se enfrenta a una disminución del acceso a una atención médica de calidad (CODS, 2021).

El impacto devastador de la intersección de crisis y vulnerabilidades en Venezuela en la vida cotidiana de la gente común es evidente en las fotografías y testimonios de las mujeres en este libro. Varias mujeres mencionaron la atención médica como una razón para migrar, a menudo en combinación con situaciones de dificultad socioeconómica, violencia de género y nutrición inadecuada.

El acceso a los servicios de salud sexual y reproductiva no es una excepción a la deficiente atención médica en Venezuela. Para muchas mujeres, los problemas de salud se vieron agravados por su acceso restringido a la salud sexual y reproductiva en ese país. Además de las situaciones

countries in the region, these factors have prevented women and adolescent girls from accessing contraception, safe abortion, and healthcare more generally (Htun and Powell 2006, Riggirozzi 2021). More concerning is that maternal mortality rates in Venezuela have been increasing since 2014 (World Bank, 2017; CODS, 2021). Amnesty International (2018) reported that between 2015 and 2016, maternal deaths increased by 65 per cent in Venezuela, returning to the same rates as 25 years ago. According to the United Nations High Commissioner for Human Rights, the lack of access to pre- and post-natal care is a driver of female emigration from Venezuela as women flee in search of 'protection of their right to life with dignity' (OHCHR, 2019). Nonetheless, displacement poses its own challenges to women's health and can be a determining factor of sexual and reproductive health.

de escasez y crisis, el conservadurismo persistente y actitudes patriarcales hacia las mujeres, la sexualidad y la planificación familiar afectaron la forma en que mujeres y niñas podían ejercer sus derechos sexuales y reproductivos en Venezuela. Al igual que en muchos otros países de la región, estos factores han impedido que muchas mujeres y adolescentes accedan a la anticoncepción, al aborto seguro y a la atención médica en general (Htun y Powell, 2006; Riggirozzi, 2021). Más preocupante es que las tasas de mortalidad materna en Venezuela han ido en aumento desde 2014 (CODS, 2021). Amnistía Internacional (2018) informó que entre 2015 y 2016, la mortalidad materna en Venezuela aumentó un 65 por ciento, retrocediendo a las mismas tasas de 25 años anteriores. Según el Alto Comisionado de las Naciones Unidas para los Derechos Humanos, la falta de acceso a la atención prenatal y posnatal es un factor impulsor de la emigración femenina desde Venezuela, ya que muchas mujeres huyen en busca de 'protección de su derecho a una vida digna' (OHCHR, 2019). No obstante, el desplazamiento plantea sus propios desafíos para la salud de las mujeres y puede ser un factor determinante de la salud sexual y reproductiva durante y tras el desplazamiento.

Sexual and reproductive healthcare needs of Venezuelan migrants

Necesidades de salud sexual y reproductiva de las migrantes venezolanas

'This photo represents a frustrated woman. I focus on that because during my time here in Brazil, there was a moment when I was in a shelter. There were a lot of cases of women who came into the country through Boa Vista. I was talking to one of these young women, and she told me about her experience of being abused. She was hitchhiking from Venezuela. Since she was alone, an opportunity arose for her to get a lift with a truck driver. She took it, and he abused her. He abused her, and then she got pregnant. She had no idea what to do at the time.' (Yoselin, 17 July 2021, Manaus, Brazil)

'Esta foto es la representación de una mujer frustrada. En este caso yo me enfoco, porque en el transcurso de que he estado aquí en Brasil, hubo un momento de que estuve en un abrigo [albergue]. Llegaban muchos casos de muchas mujeres, de que no estamos tan cerca de la frontera, entonces pasan por Boa Vista y en uno de los casos, estuve hablando con una de las muchachas, y vivieron una experiencia de haber sido abusadas. Ella se trasladaba en carona desde Venezuela. Y como era ella sola, en esa oportunidad, consiguió una carona con un camionero y él abusó de ella. Él abusó de ella, y entonces ella quedó embarazada y ella no sabía qué hacer en ese momento.' (Yoselin, 17 de julio de 2021, Manaos, Brasil)

'Unwanted Pregnancy' by Yoselin. July 2021. Manaus, Brazil

'Embarazo no deseado' por Yoselin, Julio de 2021. Manaos, Brasil

'I have spent nights in pain and, a lot of the time, I don't have medicine to take. In my opinion, I would like there to be a first aid kit here in the shelter to help those people who are here as immigrants and who haven't found a job yet, who can't even afford to buy medicine or pills.' (Chanel, 02 October 2021, Manaus, Brazil)

'*Pasé noches con dolor y, muchas veces, no tenía medicamentos para tomar. En mi opinión, me gustaría que hubiera un botiquín de primeros auxilios aquí en el albergue para ayudar a esas personas que están aquí como inmigrantes y que aún no han encontrado trabajo, que no pueden ni comprar medicamentos o pastillas.*' (Chanel, 2 de octubre de 2021, Manaos, Brasil)

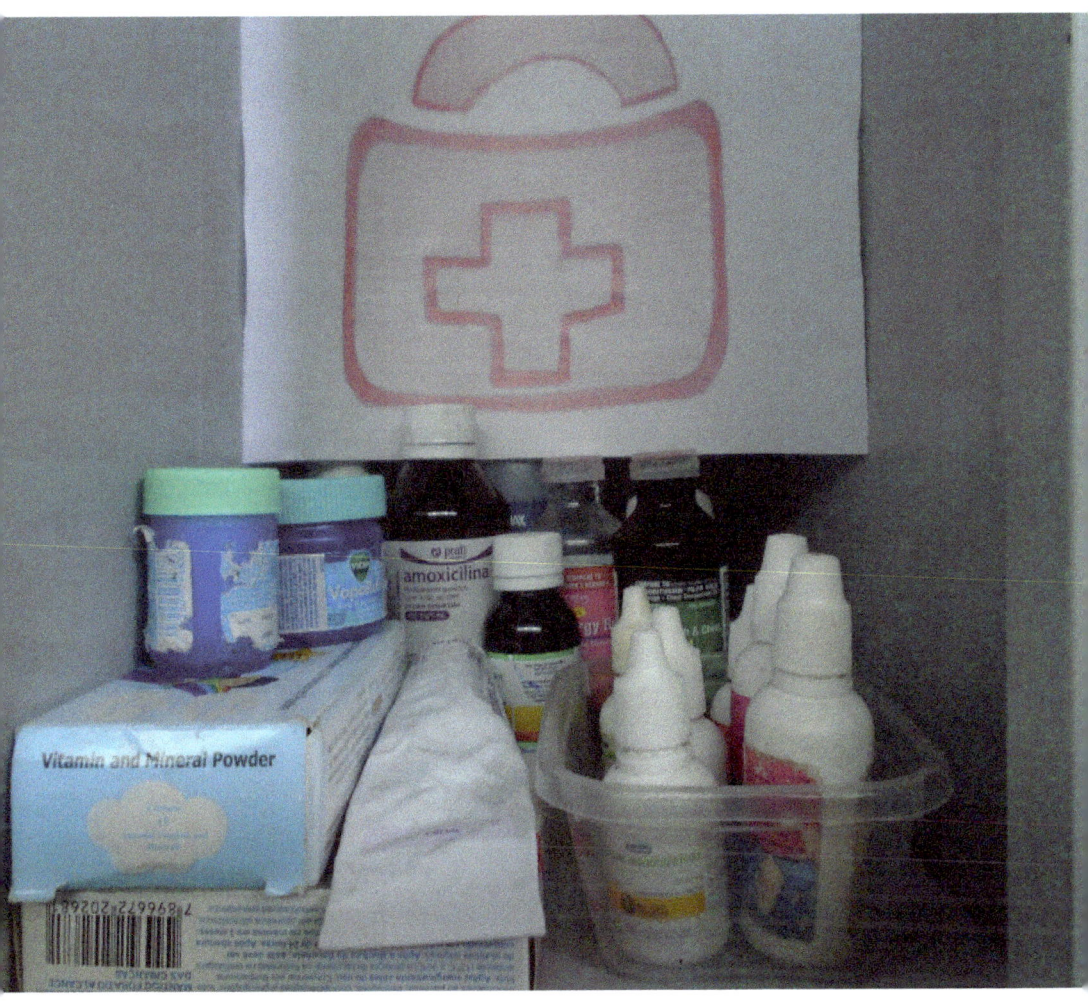

'First Aid Kit' by Chanel (pseudonym). October 2021, Manaus, Brazil

'Botiquín de primeros auxilios' por Chanel (seudónimo). Octubre de 2021. Manaos, Brasil

'In Venezuela right now, it's very difficult to buy sanitary pads. Low-income people, at least like my family, have chosen to buy handkerchiefs; use them, wash them, sanitize them, and use them again. Because sanitary pads are really very expensive and you have to think about food. And just like some of my family, there are many low-income people who don't even have enough to eat two meals a day. That has really been a benefit that we've had here as migrants. Here, at least in this shelter, you can say that they always help us. They give us a hygiene kit. They give us four or five packets of [sanitary pads], even if we don't need them, just like in the case of my sister and me. But we keep them because we know that if we have to go to Venezuela, it's going to be tough.' (Royra, 17 July 2021, Manaus, Brazil)

'En Venezuela ahorita, está muy complicado cuando tú vas a comprarte toallas sanitarias. Las personas de bajo recursos, por lo menos como mi familia, han optado por comprar pañitos, utilizarlos, lavarlos, higienizarlos, volverlos a utilizar. Realmente está muy costoso. Y así como mi familia hay muchos de bajo recursos, que no tienen ni para comerse dos comidas al día. Eso sí ha sido un beneficio que hemos tenido aquí como inmigrantes: que aquí por lo menos, en esta institución se puede decir que siempre nos ayudan, nos dan un kit de higiene. Nos dan cuatro, o cinco paquetes. Para que no nos haga falta y por lo menos, así como mi hermana y yo, vamos guardando. Las vamos guardando porque sabemos que en el momento que nos toque ir a Venezuela, va a ser duro.' (Royra, 17 de julio de 2021, Manaos, Brasil)

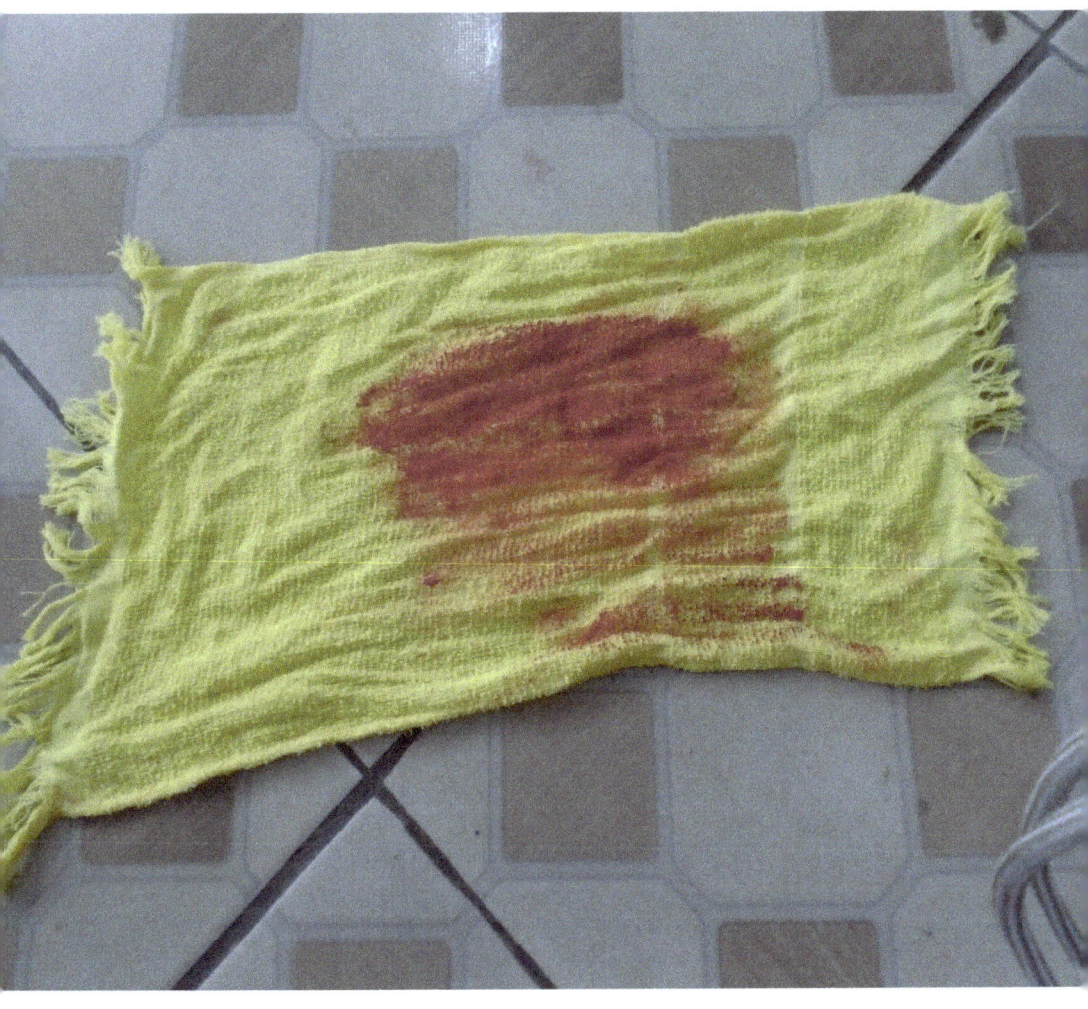

'Untitled' by Gleismari. August 2021, Manaus, Brazi

'Sin título' por Gleismari. Agosto de 2021. Manaos, Brasil

Displacement can cause and exacerbate health issues. As explored in Chapter 2, many women and girls travel on precarious irregular pathways called *trochas*, where long walks; inadequate access to food and water; heightened risks of sexual violence, malnutrition, hunger, and thirst; and other traumatic situations all precipitate health problems, including many related to sexual and reproductive health. All women, but particularly impoverished women and those travelling alone, are at great risk of sexual violence during displacement, and of the subsequent consequences of this violence on their mental, physical, sexual, and reproductive health. Meanwhile, as explored in Chapter 1, caregiving responsibilities often situate women, especially mothers, in a difficult position where they prioritize who eats during the journey, providing for their children before themselves. By the time the migrants arrive in the new country, all of these factors generate new health needs.

Displacement and women's specific modalities of travel also affect their ability to access health services, find protection, and address some of the consequences of violence. The way migrant women and girls arrive, for example, determines what information and guidance they got regarding access to the universal health system and other protection services in Brazil. Some of the women spoke about enjoying reasonable access to health services and, in general, perceived that they received a good service. However, they all faced common barriers. In addition to prejudice in service delivery from healthcare personnel, other obvious or subtle barriers appeared to undermine migrants' access to appropriate services. Confusing information on how the system operates and how it is structured, particularly for the use of migrants, leaves women feeling discouraged and unsupported by existing healthcare facilities. This raises the dangerous risk of leaving health needs unaddressed (see figure 1).

The women in this book identified various ongoing challenges to sexual and reproductive health in Venezuela, in displacement, and in

El desplazamiento puede causar y exacerbar problemas de salud. Como se explora en el Capítulo 2, muchas mujeres y niñas viajan por senderos precarios e irregulares llamados trochas, donde las largas caminatas, el acceso inadecuado a alimentos y agua, y los mayores riesgos de violencia sexual, desnutrición, hambre y sed, entre otras situaciones traumáticas, precipitan problemas de salud, incluidos muchos relacionados con la salud sexual y reproductiva. Todas las mujeres, pero en particular las mujeres pobres y las que viajan solas, corren un gran riesgo de violencia sexual durante el desplazamiento y de consecuencias posteriores a esta violencia que afectan su salud mental, física, sexual y reproductiva. Asimismo, como se explora en el Capítulo 1, las responsabilidades de cuidado a menudo sitúan a las mujeres, especialmente a las madres solteras, en una posición difícil en la que priorizan quién come durante el viaje, cuidando a sus hijos antes que a ellas mismas. En el momento en que las migrantes llegan al nuevo país, todos estos factores generan nuevas necesidades de salud.

El desplazamiento y las modalidades específicas de viaje de muchas mujeres también afectan su capacidad para acceder a servicios de salud, encontrar protección y abordar algunas de las consecuencias de la violencia. Por ejemplo, la forma y el lugar al que las mujeres y niñas migrantes llegan determina qué información y orientación reciben sobre el acceso al sistema universal de salud y otros servicios de protección en Brasil. Algunas de las mujeres hablaron de un acceso razonable a los servicios de salud y, en general, percibieron que recibieron un buen servicio. Sin embargo, todas enfrentaron barreras comunes. Además de los prejuicios en la prestación de servicios por parte del personal de atención médica, otras barreras obvias o sutiles socavan el acceso de los migrantes a los servicios apropiados. La información confusa sobre cómo funciona y cómo está estructurado el sistema de salud, particularmente cuando los usuarios son personas migrantes, hace que las mujeres se sientan desanimadas y sin el apoyo de los centros de salud

places of abode. These included inadequate nutrition affecting breastfeeding and family planning; violence, which is often unreported; inadequate conditions for menstrual health and hygiene, and a lack of privacy for changing pads; a lack of contraceptive methods and opportunities for informed family planning; no access to counselling or psychological and emotional support; disrupted continuity of care; absence of post-exposure treatment and care, as well as psychological support following sexual violence; lack of prevention and treatment of sexually transmitted infections and other diseases while at high risk of contracting them; no access to laboratory testing or diagnoses for prenatal care, cancer, etc.; and inadequate services sensitive to the needs of younger migrants.

existentes. Esto aumenta el riesgo de dejar sin atender necesidades de salud (ver figura 1).

Las mujeres participantes en este libro identificaron varios desafíos actuales para la salud sexual y reproductiva en Venezuela, en el desplazamiento y en los lugares de residencia. Estos incluyen una nutrición inadecuada que afecta la lactancia materna y la planificación familiar; la violencia, que a menudo no se denuncia; condiciones inadecuadas para la salud e higiene menstrual y la, falta de privacidad para cambiar toallas sanitarias; falta de métodos anticonceptivos y oportunidades para una planificación familiar informada; falta de acceso a asesoramiento o apoyo psicológico y emocional; interrupción de la continuidad de la atención médica; ausencia de tratamiento y atención posterior a la exposición a, por ejemplo, violencia sexual, así como apoyo psicológico después de situaciones de violencia y violencia sexual en particular; falta de prevención y tratamiento de infecciones de transmisión sexual y otras enfermedades corriendo un alto riesgo de contraerlas; falta de acceso a pruebas de laboratorio o diagnósticos para atención prenatal, cáncer, etc.; y servicios sensibles a las necesidades de las migrantes más jóvenes no adecuados.

Accessing healthcare information

Acceso a información sobre servicios de salud

'I went through a situation regarding my sexual and reproductive health. I still don't know if I'm sick. I lost a baby, and a week has passed and I still haven't had an answer. I went to two places: a hospital and the Women's Institute here in Manaus, and they treated me badly. They left me waiting for five hours just to tell me, when they took my weight and measured my blood pressure, "You have nothing. Go home. And if you had a miscarriage, well, that's nothing. Here we only attend people for surgery, so go home". I left with nothing, hurt. I went to another health centre close by. They gave me an appointment but they told me, "Go and pay at a clinic if you're in such a hurry ... make an appointment for an ultrasound in one or two months, and see what you have" ... I was ill and had spent four or five days with a fever, with my belly inflamed, until I couldn't stand the headache anymore.' (Royra, 17 July 2021, Manaus, Brazil)

'Pasé por una situación con respecto a mi salud sexual y reproductiva. Todavía no sé si estoy enferma. Perdí un bebé, ha pasado una semana y no he tenido una respuesta. Fui a dos lugares: un hospital, y el Instituto de la Mujer aquí en Manaos, y me trataron mal. Me dejaron esperando cinco horas solo para decirme, cuando me tomaron el peso y me midieron la presión arterial: "No tienes nada. Vete a casa. Y si tuviste un aborto espontáneo, bueno, eso no es nada. Aquí solo atendemos gente para operar, así que vete a tu casa". Me fui sin nada, herida. Fui a otro centro de salud cercano. Me dieron cita pero me dijeron: "Ve y paga en una clínica si tienes tanta prisa... Pide cita para una ecografía en uno o dos meses, a ver qué tienes." Yo estaba enferma y llevaba cuatro o cinco días con fiebre, con el vientre inflamado, hasta que ya no aguanté más el dolor de cabeza.' (Royra, 17 de julio de 2021, Manaos, Brasil)

'Take Care, Use Protection' by Maryset. July 2021, Manaus, Brazil

'Cuidate, usa protección' por Maryset. Julio de 2021. Manaos, Brasil

'When I got pregnant, I really didn't know [it had happened]. I was taking care of myself with contraceptives but as always, in the descriptions of contraceptives it says that not everything is 100 per cent effective. So what happened? I got pregnant with a baby girl. As the process went on, as my belly grew. It helped me to mature. I wanted to reflect that none of us women ever expect a pregnancy. We always think, "It's my future, I am going to paint it in a certain way," but suddenly a baby appears and we now have to paint our world with our child.' (Edismar, 17 July 2021, Manaus, Brazil)

'Cuando salí embarazada, realmente no lo sabía. Yo me estaba cuidando con anticonceptivos, pero como siempre, en las descripciones de los anticonceptivos dice que no todo anticonceptivo es 100 por ciento eficaz. ¿Entonces qué pasa? yo salí embarazada de una niña, verdad. Y a medida que fue mi proceso, a medida que fue creciendo mi pancita, quise reflejar que nosotras todas las mujeres nunca esperamos un embarazo. Siempre pensamos en que mi futuro, lo voy a pintar de una manera, pero de repente aparece un bebé y ahora tenemos que pintar nuestro mundo con nuestro hijo' (Edismar, 17 de julio de 2021, Manaos, Brasil)

BARRIERS TO SEXUAL AND REPRODUCTIVE HEALTHCARE

'My Planning' by Edismar. July 2021, Manaus, Brazil

'Mi planificación' por Edismar. Julio de 2021. Manaos, Brasil

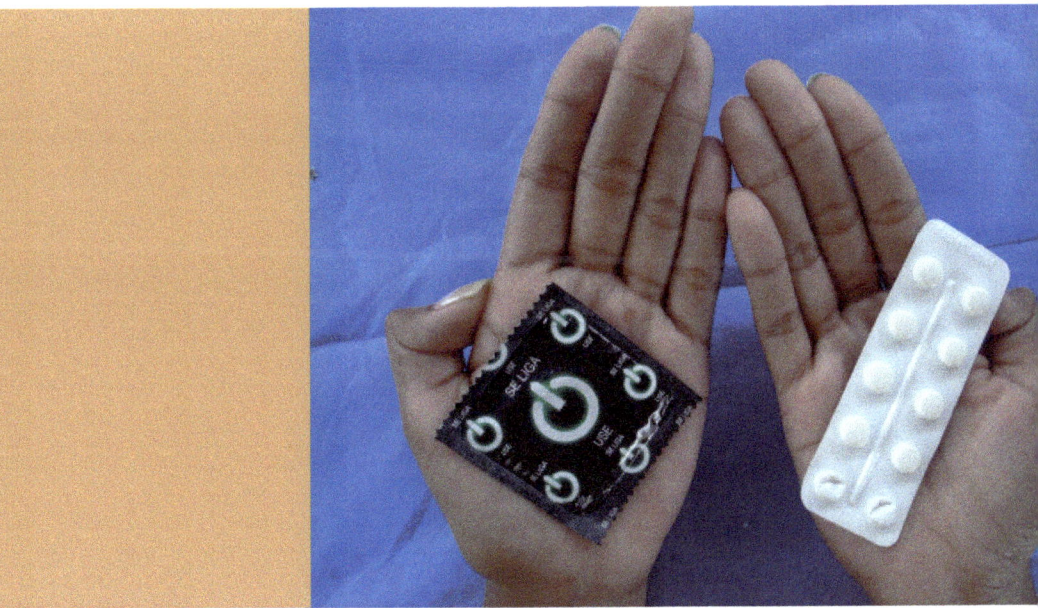

'Sex Education and Its Value in Society' by Sheylimar. July 2021, Manaus, Brazil

'Educación sexual y el valor en la sociedad' por Sheylimar. Julio de 2021, Manaos, Brasil.

'I asked for that injection to take care of myself and to avoid getting pregnant, thinking that later on, when I was established, I could have my second child. So I got the jab. I didn't like it; it hurt. I felt weak. I felt dizzy and faint. I couldn't even get up. I recommend that you go to the doctor so that the doctor knows what contraceptives you can take, because not all of us have the same system, not everyone tolerates that injection. My body doesn't tolerate it. It hurt me.' (Estelita Guillén, 02 October 2021, Manaus, Brazil)

'Pedí esa inyección para cuidarme y no quedarme embarazada, pensando que más adelante, cuando me estableciera, podría tener mi segundo hijo. Así que obtuve el jab. No me gustó; duele. Me sentí débil. Me sentí mareada y débil. Ni siquiera podía levantarme. Yo te recomiendo que vayas al médico para que el médico sepa qué anticonceptivos puedes tomar, porque no todos tenemos el mismo sistema, no todos toleran esa inyección. Mi cuerpo no lo tolera. Me dolió.' (Estelita Guillén, 2 de octubre de 2021, Manaos, Brasil)

BARRIERS TO SEXUAL AND REPRODUCTIVE HEALTHCARE

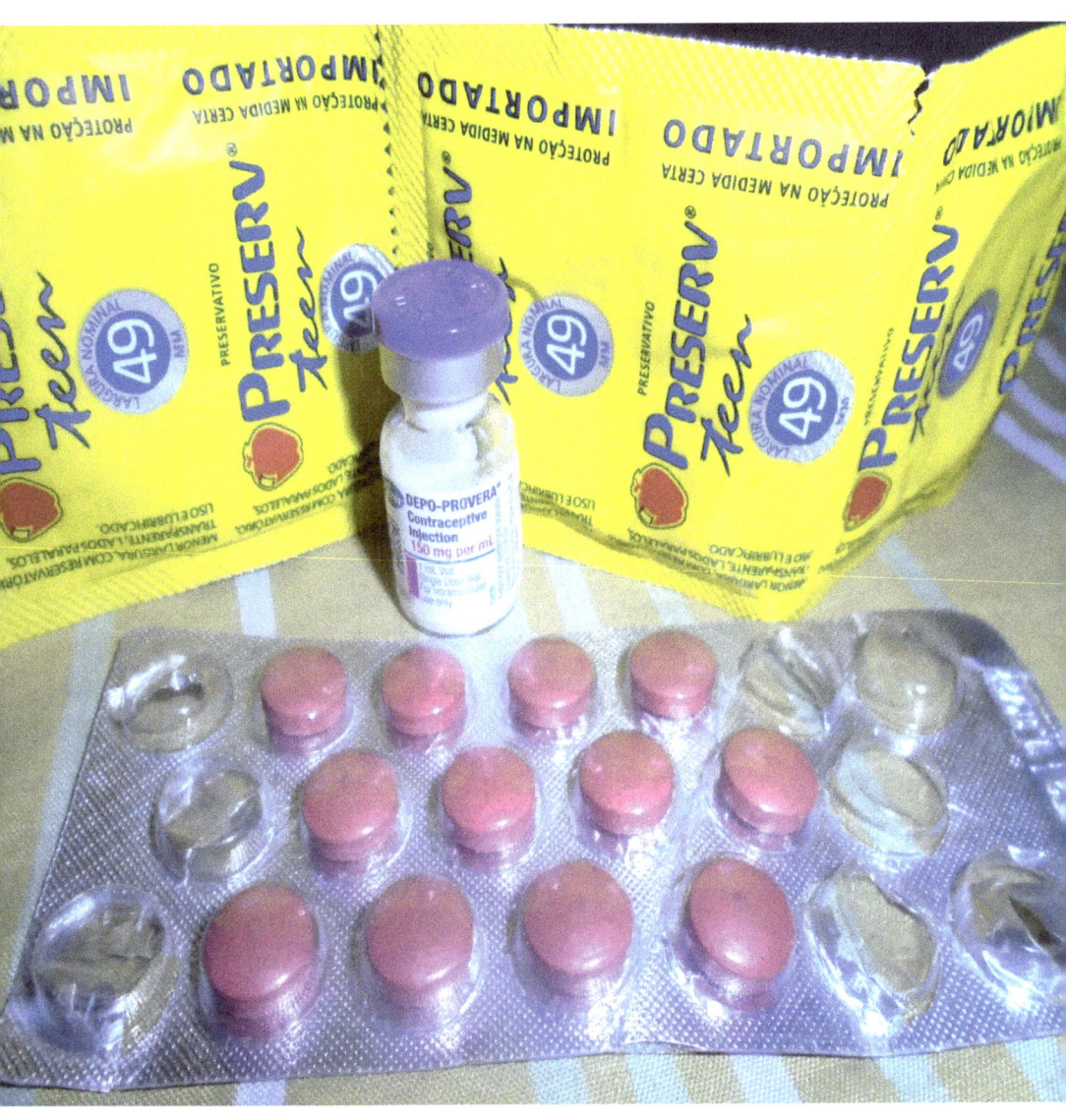

'Untitled' by Estelita Guillén. July 2021, Manaus, Brazil

'Sin título' por Estelita Guillén. Julio de 2021. Manaos, Brasil

'These are my methods for taking care of myself. Because I can't get pregnant again with my partner. If I get pregnant, I'm going to get sick. It's something that wasn't [available] in Venezuela but here I have the opportunity to take care of myself. But this method isn't good because I feel suffocated. I feel too fat. [The contraceptive] makes me like that. But hey, if that's the case, I have to do it so I don't bring a baby into the world who will struggle'. (Yennimar, 17 July 2021, Manaus, Brazil)

'Estos son mis métodos para cuidarme. Porque no puedo volver a quedar embarazada de mi pareja. Si me quedo embarazada, me voy a enfermar. Es algo que no estaba [disponible] en Venezuela, pero aquí tengo la oportunidad de cuidarme. Pero este método no es bueno porque me siento sofocada. Me siento demasiado gorda. [El anticonceptivo] me pone así. Pero bueno, si ese es el caso, tengo que hacerlo para no traer un bebé al mundo que tenga problemas'. (Yennimar, 17 de julio de 2021, Manaos, Brasil)

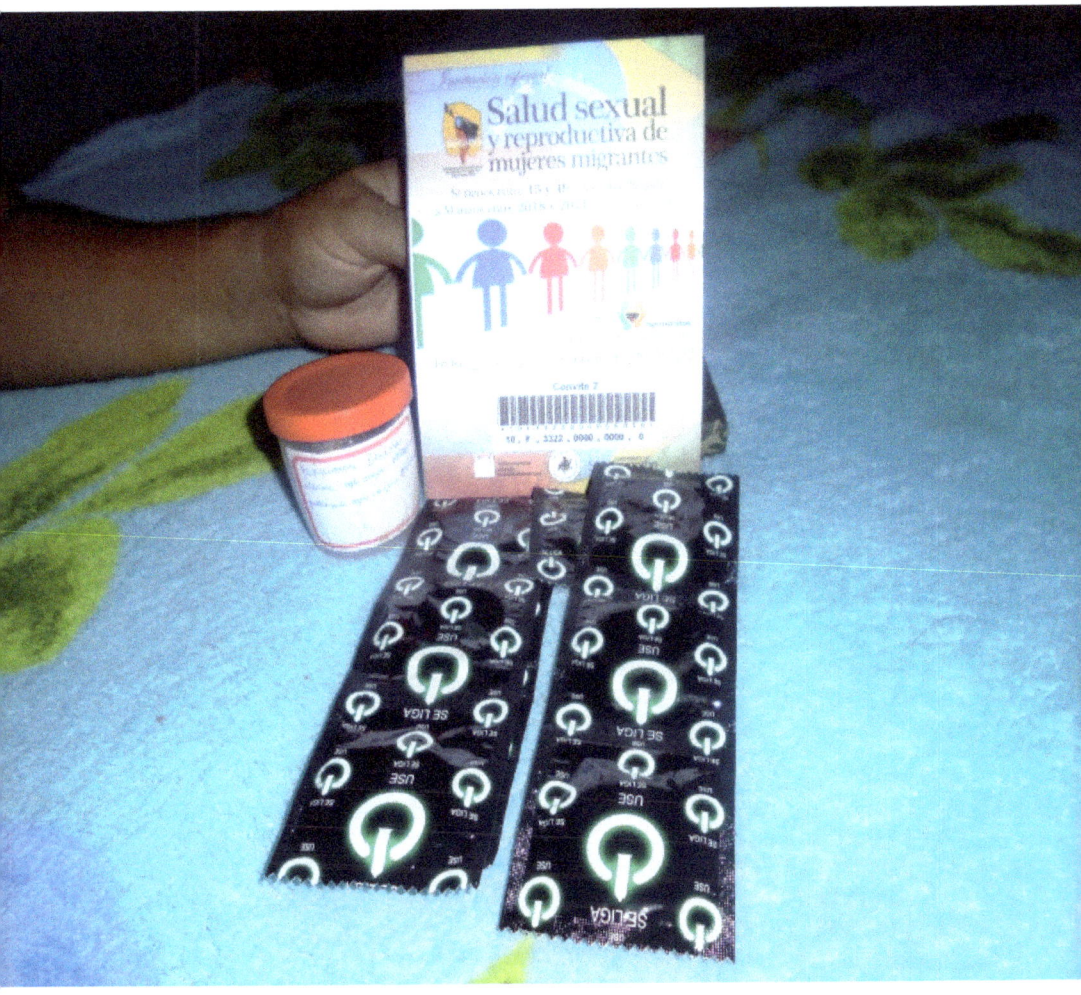

'Sexual Health' by Yennimar. July 2021, Manaus, Brazil

'Salud sexual' por Yennimar. Julio de 2021. Manaos, Brasil

'I was told a story about a young woman who came here with her partner. She had to sleep on the street and somehow, during that whole situation, she got pregnant. She told her partner she was pregnant, and the guy told her she had to get an abortion. It was him who got her to miscarry naturally. He got her plants, trees, and things to end the pregnancy and they made that decision together. [We women] migrate and we feel that our whole world is going to fall apart.' (Yumarielys, 17 July 2021, Manaus, Brazil)

'Me contaron una historia de una joven que vino aquí con su pareja. Tuvo que dormir en la calle y de alguna manera, durante toda esa situación, quedó embarazada. Le dijo a su pareja que estaba embarazada y el chico le dijo que tenía que abortar. Fue él quien hizo que ella abortara naturalmente. Le consiguió plantas, árboles y cosas para terminar el embarazo y ellos tomaron esa decisión. [Nosotras, las mujeres] migramos y sentimos que todo nuestro mundo se va a desmoronar.' (Yumarielys, 17 de julio de 2021, Manaos, Brasil)

BARRIERS TO SEXUAL AND REPRODUCTIVE HEALTHCARE 115

'A Bad Decision' by Yumarielys. July 2021, Manaus, Brazil

'Una mala decisión' por Yumarielys. Julio de 2021. Manaos, Brasil

'I put "My First Period" as the title. I think that all of us here have experienced a first period. I was playing and suddenly I had an urge to pee. When I went to the bathroom, my pants were stained. I screamed because I thought I was dying, but when I called my mum, she told me, "There are going to be many changes in your body."' (Edismar, 17 July 2021, Manaus, Brazil)

'Puse "Mi primer período" como título. Creo que todas las que estamos aquí hemos vivido una primera etapa. Estaba jugando y de repente tuve ganas de orinar. Cuando fui al baño, mis pantalones estaban manchados. Grité porque pensé que me estaba muriendo, pero cuando llamé a mi mamá, ella me dijo: "Van a haber muchos cambios en tu cuerpo".' (Edismar, 17 de julio de 2021, Manaos, Brasil)

'My First Period' by Edismar. July 2021, Manaus, Brazil

'Mi primera menstruación' por Edismar. Julio de 2021, Manaos, Brasil

Border control acts as a barrier to accessing information regarding sheltering, and documentation related to how the health system works. To a large extent, the way migrant women and girls arrive determines which institution receives them, what information and guidance they get regarding documents to access the universal health system, and if and when they are provided shelter. Migrants who do not enter Brazil through the official gateway, or who are living in situations of homelessness, are likely to spend a period in legal and shelter limbo. They are more likely to be undocumented and invisible to the system, and to therefore have more difficulty accessing information about health rights and access to shelter and health services. This was a situation that became pressing during closure of borders during 2020 and 2021 due to the pandemic.

One aspect that requires more freely available information is menstruation. In different situations, conditions, and contexts, as well as stages of displacement, migrant women and girls have varied access to menstrual products, such as pads, menstrual cups, or tampons. Some may have little or no information about menstruation, menstrual cycles, and menstrual hygiene products. Free, easy access to information about menstruation, together with fresh and clean underwear, should be available in shelters after crossing the border and in health centres in order to cover the needs of all migrant women and girls, regardless of status, housing situation, and socioeconomic conditions.

Another aspect is pregnancy termination. Abortion remains illegal in Brazil except in cases of rape, to save the mother's life, or if the fetus is anencephalic (it does not properly develop parts of the brain or skull). Even in these cases, abortion remains deeply stigmatized. Alongside access to contraceptives, women and girls should have access to information on family planning and safe spaces to discuss choices, including safe abortion.

El control fronterizo muchas veces actúa como una barrera para acceder a información sobre alojamiento y documentación relacionada con el funcionamiento del sistema de salud. En gran medida, la forma en que las mujeres y niñas migrantes arriban determina qué institución las reciben, qué información y orientación se les ofrece sobre documentos necesarios para acceder al sistema universal de salud, y si se les brinda albergue y cuándo. Las migrantes que no ingresan a Brasil a través de la puerta oficial, o que viven en situaciones de calle, por falta de vivienda, probablemente pasen un período en el limbo legal y en cuanto al alojamiento. Es más probable que sean indocumentadas e invisibles para el sistema y, por lo tanto, que tengan más dificultades para acceder a la información sobre sus derechos a la salud, al acceso a vivienda y a servicios de salud. Esta fue una situación que se volvió apremiante durante el cierre de fronteras durante 2020 y 2021 debido a la pandemia.

Un aspecto que requiere más información de libre acceso es la menstruación. En diferentes situaciones, condiciones y contextos, así como en etapas de desplazamiento, las mujeres y niñas migrantes tienen acceso variado a productos menstruales, como toallas sanitarias, copas menstruales o tampones. Algunas pueden tener poca o ninguna información sobre la menstruación, los ciclos menstruales y los productos de higiene menstrual. El acceso fácil y gratuito a la información sobre la menstruación, junto con ropa interior fresca y limpia, debe estar disponible en los albergues después de cruzar la frontera y en los centros de salud, para cubrir las necesidades de todas las mujeres y niñas migrantes, independientemente de su estatus legal, situación de vivienda y condiciones socioeconómicas.

Otro aspecto es la interrupción del embarazo. El aborto sigue siendo ilegal en Brasil excepto en casos de violación, para salvar la vida de la madre o si el feto es anencefálico (no se han desarrollado correctamente partes del cerebro o del cráneo). Incluso en estos casos, el aborto sigue estando profundamente estigmatizado. Además del

Otherwise, they risk difficult decisions and can risk their lives, as demonstrated in the case of the woman who found herself pregnant while homeless and sleeping on the streets, who ended up terminating her pregnancy using homemade medicines provided by the 'father'.

Already difficult experiences can feel overwhelming as a migrant, especially when women do not have support or full knowledge of their rights in the host country. It is imperative that services actively reach migrant women so that they can receive access to accurate, timely, and unbiased information about their sexual and reproductive rights in Brazil. This includes fair and dignified access to emergency contraception and to safe, legal abortions in accordance with Brazilian law.[5]

Nonetheless, women in this book generally spoke positively about the availability of and access to contraceptives in Brazil. This is a fundamentally important element of sexual and reproductive health. However, health information and the health system's approach tends to be excessively focused on sexual health behaviours and contraceptive methods. This is not surprising given the serious experience of violence that most migrant women and girls face during displacement. Yet the over-focus on information and measures for contraception not only means that health protection policies are limited, reactive, and short-term, but they also risk constructing women as victims, rather than citizens (Grugel, 2022). It can reinforce stereotypes and the hyper-sexualisation of Venezuelan migrant women and girls. In practice, it might be also the case that providing contraception is an 'easy' and measurable solution, compared to working on resolving deeper issues relating to sexual violence, trauma, and sexuality experienced by people on the move. There is a risk that provision of family planning and contraception is prioritized at the expense of providing human-centred, holistic, empowering, and gender-sensitive healthcare to all, based on an intensified

acceso a anticonceptivos, las mujeres y las niñas deben tener acceso a información sobre planificación familiar y espacios seguros para discutir opciones, incluido el aborto seguro. De lo contrario, se arriesgan a tomar decisiones difíciles y pueden poner en riesgo su vida, como lo demuestra el caso de la mujer que se encontró embarazada sin hogar y durmiendo en la calle, que terminó interrumpiendo su embarazo con medicamentos caseros proporcionados por el 'padre'.

Las experiencias ya difíciles pueden resultar abrumadoras para las migrantes, especialmente cuando las no cuentan con el apoyo o el pleno conocimiento de sus derechos en el país de acogida. Es imperativo que los servicios lleguen activamente a las mujeres migrantes para que puedan recibir información precisa, oportuna e imparcial sobre sus derechos sexuales y reproductivos en Brasil. Esto incluye el acceso justo y digno a la anticoncepción de emergencia y al aborto seguro y legal de acuerdo con la ley brasileña.[5]

No obstante, las mujeres en este libro generalmente hablaron positivamente sobre la disponibilidad y el acceso a los anticonceptivos en Brasil. Este es un elemento sumamente importante de la salud sexual y reproductiva. Sin embargo, la información sobre salud y el enfoque del sistema de salud tienden a estar excesivamente centrados en comportamientos de salud sexual y métodos anticonceptivos. Esto no sorprende dada la grave experiencia de violencia que enfrentan la mayoría de las mujeres y niñas migrantes durante el desplazamiento. Sin embargo, el enfoque excesivo en la información y las medidas sobre anticoncepción significa que las políticas de protección de la salud no solo son limitadas, reactivas y de corto plazo, sino también corren el riesgo de construir a las mujeres como víctimas, en lugar de ciudadanas (Grugel, 2022). Esto puede reforzar los estereotipos y la hipersexualización de las mujeres y niñas migrantes venezolanas. En la práctica, también podría darse el caso de que proporcionar anticonceptivos sea una

construct of women and girls as victims, mainly sexual victims, rather than subjects of health rights.

solución 'fácil' y medible, en comparación con trabajar para resolver los problemas más profundos relacionados con la violencia sexual, el trauma y la sexualidad que experimentan las personas migrantes. Existe el riesgo de que se priorice la provisión de planificación familiar y anticoncepción a expensas de brindar atención médica centrada en el ser humano, que sea holística, sensible al género y que pueda empoderar a todas las personas. La atención médica actual parece estar basada en la construcción de mujeres y niñas como víctimas, principalmente víctimas sexuales, más que como sujetos de derechos.

Barriers to sexual and reproductive healthcare services

Barreras a los servicios de salud sexual y reproductiva

'There's no need for them to treat us that way, just because we are Venezuelans. They could kick me, they could treat me however they want, but I would do it for my daughter so she can get this operation because her foot hurts. That makes me feel terrible. In the name of God, I hope they treat me better [in the other medical centre]. I mean, we are Venezuelans. We aren't animals to be treated that way.' (Yennimar, 17 July 2021, Manaus, Brazil)

'No hace falta que nos traten así, solo porque somos venezolanos. Me pueden patear, me pueden tratar como quieran, pero yo lo haría por mi hija para que se opere porque le duele el pie. Eso me hace sentir terrible. En nombre de Dios, ojalá me traten mejor [en el otro centro médico]. Es decir, somos venezolanos. No somos animales para ser tratados de esa manera.' (Yennimar, 17 de julio de 2021, Manaos, Brasil)

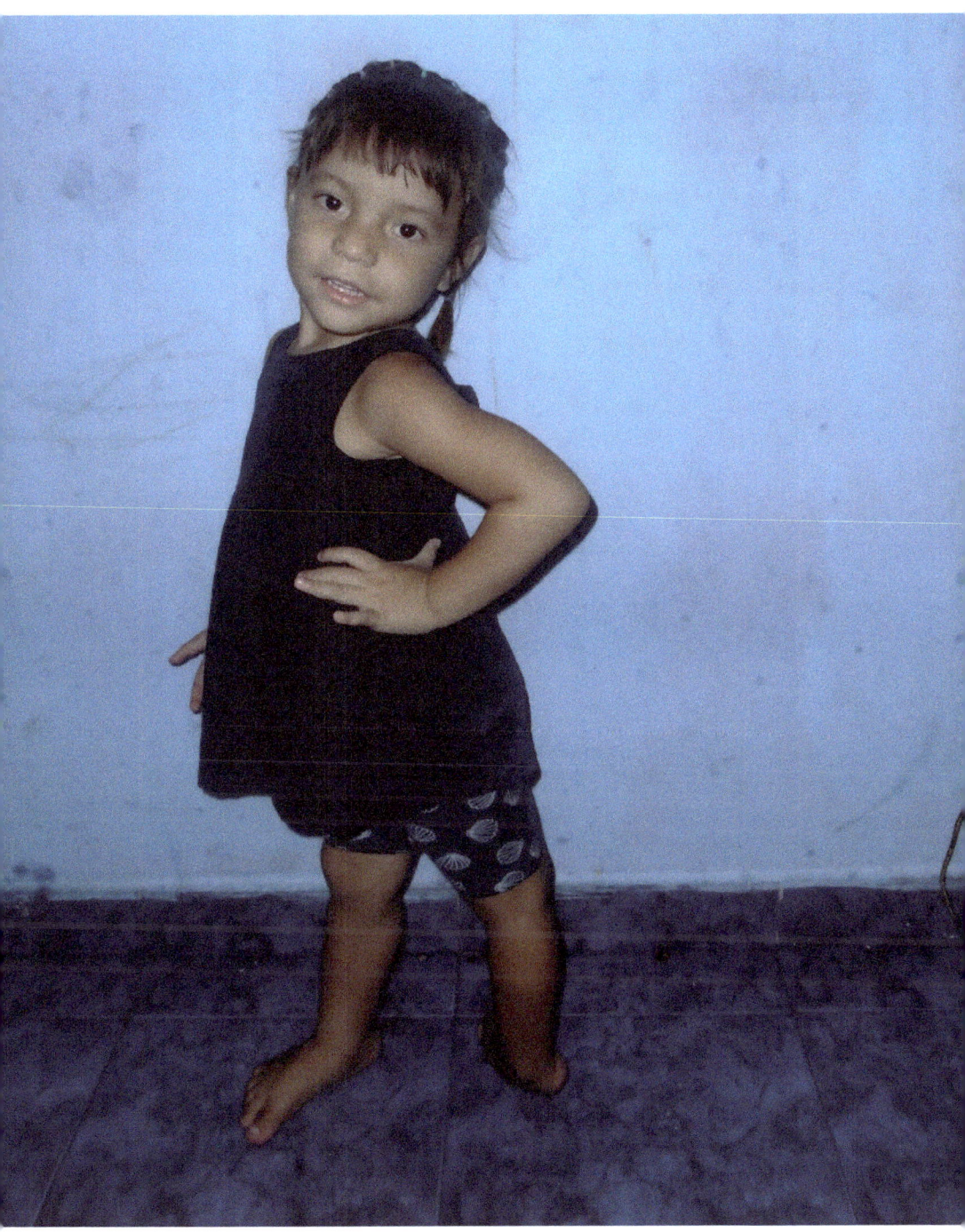

'This photo is of my daughter' by Yennimar. July 2021, Manaus, Brazil

'Esta foto es de mi hija' por Yennimar. Julio de 2021. Manaos, Brasil

'I have been trying for three months to get a check-up in a hospital or a health centre, wherever I could. Unfortunately they only told me "Stop". Why "stop"? They told me, "No, you don't belong to this health centre. You have to go to the one that you belong to." [I said] "I don't understand what you're talking about." It's all because I'm a migrant. Until one day, I think she saw my shirt – I'm a volunteer at an organization. That uniform gave me access. She didn't realize that I was Venezuelan. She saw nothing else, only the uniform. They gave me a prescription and everything. They treated me like a queen. I felt like I was in a private clinic. It was all because of the uniform. I see it a lot with all my migrant friends. Medical attention is difficult here. It's much more difficult for us migrants because they tell us, "I don't understand you. There aren't any appointments. You don't belong here." They don't even explain how the procedure works to get an appointment. And they treat you badly. They treat you very, very badly.' (Yumarielys, 17 July 2021, Manaus, Brazil)

'Llevo tres meses intentando hacerme una revisión en un hospital o en un centro de salud, donde podía. Desafortunadamente, solo me dijeron "Para". ¿Por qué detenerse? Me dijeron: "No, tú no perteneces a este centro de salud. Tienes que ir al que perteneces". [Dije] "Oh, no entiendo de qué estás hablando". Todo es porque soy una migrante. Hasta que un día, creo que vio mi camiseta, soy voluntaria en una organización. Ese uniforme me dio acceso. Ella no se dio cuenta que yo era venezolana. No vio nada más, sólo el uniforme. Me dieron receta y todo. Me trataron como una reina. Me sentí como si estuviera en una clínica privada. Todo fue por el uniforme. Lo veo mucho con todos mis amigos migrantes. La atención médica es difícil aquí. A los migrantes nos cuesta mucho más porque nos dicen: "No te entiendo. No hay ninguno. No perteneces aquí. Ni siquiera explican cómo funciona el procedimiento para conseguir una cita. Y te tratan mal. Te tratan muy, muy mal.' (Yumarielys, 17 de julio de 2021, Manaos, Brasil)

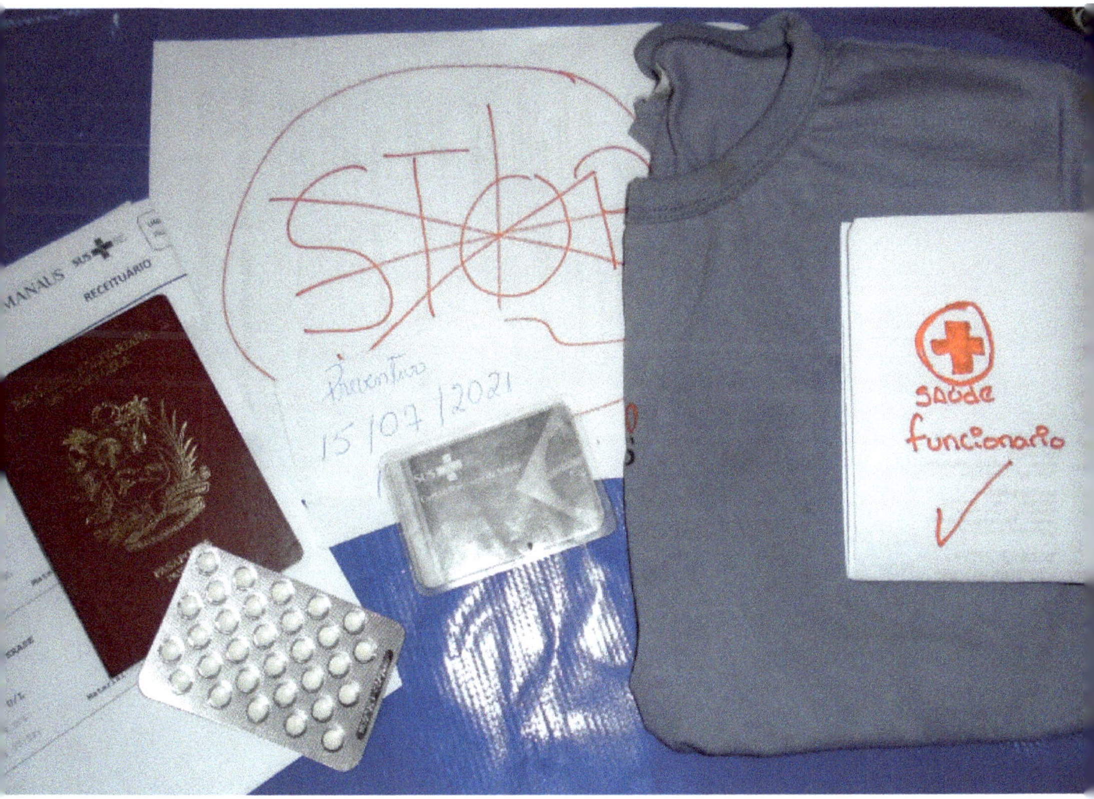

BARRIERS TO SEXUAL AND REPRODUCTIVE HEALTHCARE

'Privileges' by Yumarielys. July 2021, Manaus, Brazil

'Privilegios' por Yumarielys. Julio de 2021. Manaos, Brasil

'I took this photograph because my belly was giving me severe pain. I had to walk and walk because it hurt. It hurt a lot. I didn't know what [healthcare] would be like here in Brazil. I was scared. They told me that when you are going to give birth, liquid has to come out first. The water has to break so you can give birth. They told me, "Here it's not like in Venezuela. Here it's different, because here in Brazil the waters have to break first to be able to give birth, so you have to wait." I didn't know. It hurt around [my waist]. I had to walk, they sent me to walk. I waited and waited, for the waters to break.
(Alenia, 21 August 2021, Manaus, Brazil)

'Bueno, esa fotografía yo tiré porque cuando me estaba dando dolor fuerte, yo tenía que caminar y caminar porque dolía, dolía mucho. Yo no sabía cómo es la cosa aquí en Brasil entonces yo estaba asustada. Ellos me dijeron que cuando va a parir "tiene que salir primero líquido", tiene que romper para poder parir. "Aquí no es como en Venezuela, aquí es diferente, porque aquí en Brasil sí primero tiene que romper el líquido para poder nacer ... tiene que esperar". No lo sabía. Me dolía alrededor [de mi cintura]. Tuve que caminar, me mandaron a caminar. Esperé y esperé, todo para romper aguas.
(Alenia, 21 de agosto de 2021, Manaos, Brasil)

'Untitled' by Alenia. August 2021, Manaus, Brazil

'Sin título' por Alenia. Agosto de 2021. Manaos, Brasil

'I came here two months pregnant. We didn't have any problems during the first part of the pregnancy. We got good care in the health centre where we live. I have never complained about my health. All the same, when my son was born, it was a good delivery, but there was medical negligence. Because they didn't let me give birth in the postpartum room. I had to be taken to the delivery room. By the time I was taken there, my son's time had already passed and he was completely stillborn. It was difficult and my son was coming out. His head was out. He lost all his oxygen. Eight minutes passed. Eleven minutes passed. And he continued without reacting, without crying. We prayed. My mother-in-law prayed. We were all in prayer and it was because of that that he came back to life again. It was like a miracle from heaven.' (Sheylimar, 17 July 2021, Manaus, Brazil)

'Vine aquí embarazada de dos meses. Y por esa parte nunca tuvimos problema. Tenemos buena atención en el centro de salud donde vivimos. Nunca me he quejado de mi salud. De todos modos, cuando nació mi hijo, fue un buen parto. Pero hubo negligencia médica. Porque no me dejaron dar a luz en la sala de posparto. Me tuvieron que llevar a la sala de partos. Cuando me llevaron allí, el tiempo de mi hijo ya había pasado y nació completamente muerto. Fue difícil y mi hijo estaba saliendo. Su cabeza estaba fuera. Perdió todo su oxígeno. Pasaron ocho minutos. Pasaron 11 minutos. Y siguió sin reaccionar, sin llorar. Oramos. Mi suegra oró. Estábamos todos en oración y fue por eso que volvió a la vida. Fue como un milagro del cielo.' (Sheylimar, 17 de julio de 2021, Manaos, Brasil)

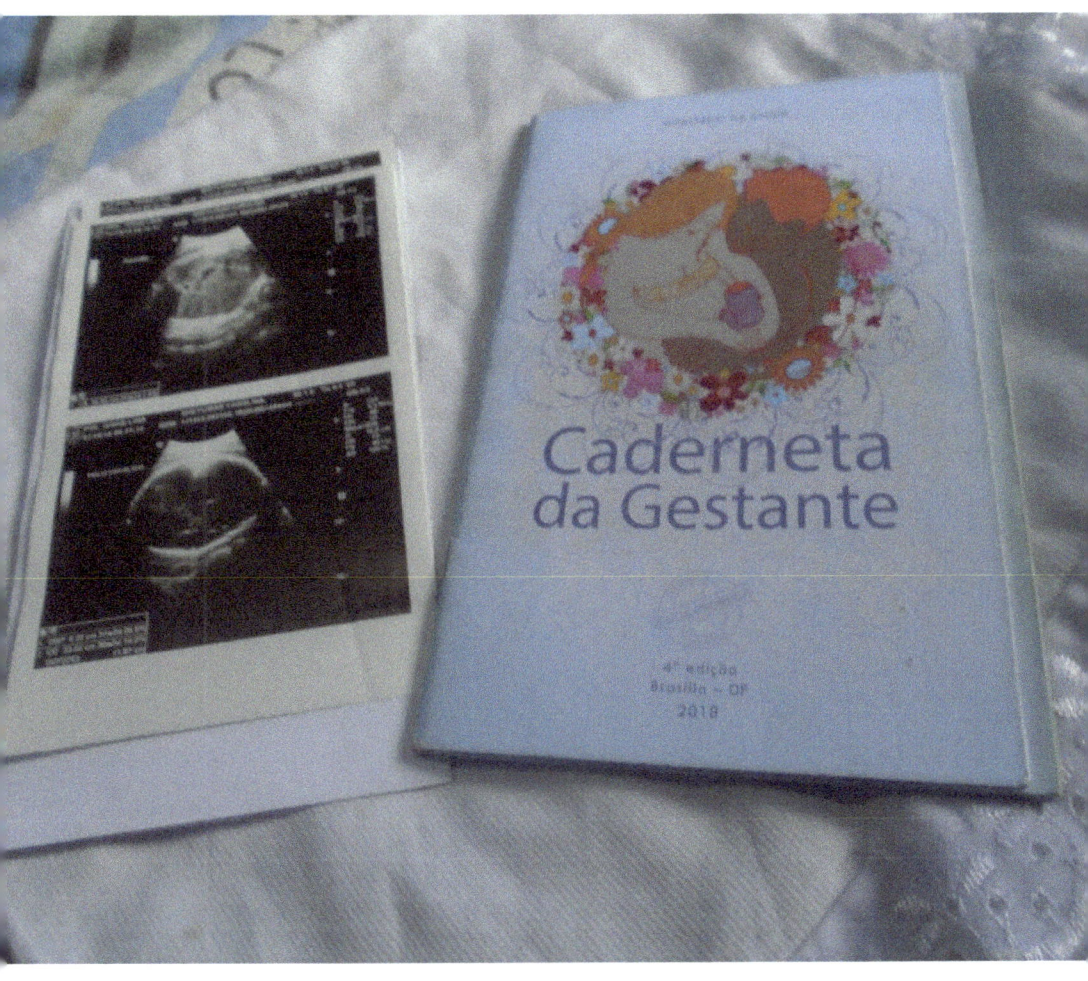

'Untitled' by Alenia. August 2021, Manaus, Brazil

'Sin título' por Alenia. Agosto de 2021. Manaos, Brasil

MOVING FORWARD

The process of accessing and negotiating sexual and reproductive health services in Brazil as a Venezuelan migrant woman or adolescent girl appears to be a complex and contradictory experience. The photographs and testimonies in this book demonstrate that nationality, legal status, age, and gender are important factors, both in regards to perceptions and to experiences of availability and appropriateness of treatment and health services. The women described specific barriers that emerged in everyday social interactions as well as practices that negatively affected their sense of entitlement to the right to health and healthcare services.

Once in Brazil, migrant women and girls meet a rights-based system that provides access to free healthcare for everyone as a constitutional right, and that formally does not make any distinctions in service provisions for nationals and non-nationals. However, in practice, migrants' level of access depends on the information they receive, the conditions created by institutions that welcome migrants, and how health services facilitate service delivery. Several women described lags and gaps in terms of not being able to get appointments, long waiting times, being treated rudely, or receiving incorrect diagnoses. They attributed this to their identities as Venezuelan migrants.

Cultural relativity and lack of sensitivity in terms of how health is conceived and practised affect the ability or adequacy of existing healthcare systems to make real improvements to all women and girls' wellbeing, particularly migrant women and girls from minority ethnic groups. This difference manifests as a dynamic of resistance to, or even denial of, culturally sensitive healthcare. Nonetheless, some women seem reluctant to complain about the health system in Brazil, perhaps because they draw frequent comparisons between their experiences in Brazil to that of the battered health systems in Venezuela; or because they are uncomfortable with demanding their right to fair medical treatment, or unaware that they can do so.

SALIR ADELANTE

El proceso de acceso a servicios de salud sexual y reproductiva en Brasil como mujer o adolescente venezolana migrante parece ser una experiencia compleja y contradictoria. Las fotografías y testimonios de este libro demuestran que la nacionalidad, el estatus legal, la edad y el género son factores importantes tanto en lo que respecta a las percepciones como a las experiencias de disponibilidad y adecuación de los tratamientos y servicios de salud. Las mujeres describieron barreras específicas que surgieron en las interacciones sociales cotidianas, así como prácticas que afectaron negativamente su sentido del derecho a la salud y los servicios de atención médica.

Una vez en Brasil, las mujeres y niñas migrantes se encuentran con un sistema que brinda acceso a la salud gratuita para todos como un derecho constitucional y que formalmente no hace ninguna distinción en la prestación de servicios para nacionales y no nacionales. Sin embargo, en la práctica, el nivel de acceso de las personas migrantes depende de la información que reciben, las condiciones creadas por las instituciones que las acogen y cómo los servicios de salud facilitan la prestación de servicios. Varias mujeres describieron brechas en términos de no poder obtener citas, largos tiempos de espera, trato grosero o diagnósticos incorrectos. Lo atribuyeron a sus identidades como migrantes venezolanas.

La relatividad cultural y la falta de sensibilidad en términos de cómo se concibe y practica la salud afectan la capacidad o la adecuación de los sistemas de salud existentes para lograr mejoras reales en el bienestar de todas las mujeres y niñas, en particular, las migrantes de grupos étnicos minoritarios. Esta diferencia se manifiesta como una dinámica de resistencia, o incluso negación de una atención médica culturalmente sensible. No obstante, algunas mujeres parecen reacias a quejarse del sistema de salud en Brasil, quizás porque hacen comparaciones frecuentes entre sus experiencias en Brasil y los sistemas de salud maltratados en Venezuela, porque no se sienten cómodas exigiendo su derecho a

Compounding cultural differences and language barriers contribute to challenges of accessibility, cultural understandings, and bureaucratic impediments, and can become sources of perceived and effective discrimination. Many Warao women, for example, do not speak Spanish or Portuguese, and rely on male relatives to translate (ACNUR, 2021). Language barriers can also affect non-Indigenous women, especially in moments of high stress including medical emergencies or experiences during labour, childbirth, and postnatal care. The consequences of the lack of social and culturally responsive information and services can affect all migrants' ability to seek and accept healthcare.

The language issue is also a major barrier in migrant women's access to psychological support and services to redress trauma. Many forcibly displaced women and girls experience trauma, often due to sexual abuse and gender-based violence. For many, it remains deep-seated and raw. Language barriers and lack of trust are a further impediment to receiving this help. One Venezuelan adolescent migrant lamented:

> 'All this time I've wanted to speak to someone and vent, but it hasn't been possible. I don't trust anyone. When you talk to someone, to the staff that work here, the next day everyone knows.' (Anonymous, 16 October 2021, Manaus, Brazil)

Within the health system and in the shelters, migrant women and adolescent girls lack safe spaces to share their experiences and receive psychological support. They are left unsupported to navigate mental health services in a new country and without a means to deal with their trauma. There are also reported cases of discontinuity in psychological and mental health support, even in situations of emergency. For example, Briyis recounted that both she

un tratamiento médico justo o desconocen que pueden hacerlo.

Las diferencias culturales y las barreras lingüísticas agravadas contribuyen a los desafíos de accesibilidad, comprensión cultural e impedimentos burocráticos y pueden convertirse en fuentes de discriminación percibida y efectiva. Muchas mujeres Warao, por ejemplo, no hablan español ni portugués y dependen de parientes masculinos para traducir (ACNUR, 2021). Las barreras del idioma también pueden afectar a las mujeres no indígenas, especialmente en momentos de gran estrés, como emergencias médicas o experiencias durante el trabajo de parto, el parto y la atención posnatal. Las consecuencias de la falta de información y servicios social y culturalmente receptivos pueden afectar la capacidad de las personas migrantes para buscar y aceptar atención médica.

La cuestión del idioma también es una barrera importante en cuanto al acceso de las migrantes al apoyo psicológico y a los servicios para reparar el trauma. Muchas mujeres y niñas desplazadas por la fuerza experimentan traumas, a menudo debido al abuso sexual y la violencia de género. Para muchas, la experiencia permanece profundamente arraigada y cruda. Las barreras del idioma y la falta de confianza son un impedimento adicional para recibir ayuda apropiada. Una adolescente migrante venezolana se lamentó:

> *'Todo este tiempo he querido hablar con alguien y desahogarme, pero no ha sido posible. No confío en nadie. Cuando hablas con alguien, con el personal que trabaja aquí, al día siguiente todos lo saben.' (Anónimo, 16 de octubre de 2021, Manaos, Brasil)*

Dentro del sistema de salud y en los albergues, las mujeres y las adolescentes migrantes carecen de espacios seguros para compartir sus experiencias y recibir

and her daughter suffered sexual violence in displacement, and while they were visited by a psychologist in the shelter, this care was discontinued.

> 'My daughter received psychological support here in the shelter. But the psychologist stopped coming. I don't know if he will return, but this is something that has affected her psychologically in many areas of her life.' (Briyis, 02 October 2021, Manaus, Brazil)

Displaced Indigenous populations face a particular barrier to accessible, approachable, and appropriate healthcare and the exercise of the right to health. It is one of the main needs of the Warao community. Several structural factors impact on Warao communities' access to healthcare in Venezuela. For example, the remote locations of several Warao villages means it is difficult to access the ever-decreasing number of adequate hospitals, especially when fuel for the boats they rely on for transport is scarce and increasingly expensive. As a consequence, migrant children are malnourished, pregnant women hardly see doctors, and Warao migrants of all ages suffer respiratory problems such as tuberculosis and pneumonia, which are the most common cause of death amongst the Warao community (Rosa, 2020).

Warao women's healthcare needs also vary due to cultural specificities. As described in Chapter 1, food is central to Warao women's sexual and reproductive health. Specific traditional foods help Warao women to deal with birth and postpartum pains and to produce milk for breastfeeding. Traditional food also correlates with Warao women's menstrual and reproductive cycles. For example, as Geysy Rodríguez[6] explained:

apoyo psicológico. Se quedan sin apoyo para navegar por los servicios de salud mental en un nuevo país y sin medios para lidiar con su trauma. También se reportan casos de discontinuidad en el apoyo psicológico y de salud mental, incluso en situaciones de emergencia. Por ejemplo, Briyis relató que tanto ella como su hija sufrieron violencia sexual en el desplazamiento, y aunque fueron visitadas por una psicóloga en el albergue, esta atención fue descontinuada.

> 'Mi hija tuvo apoyo psicológico aquí en el albergue, pero el psicólogo dejó de venir. No sé si volverá en otro momento, pero esto es algo que la ha afectado psicológicamente en muchas áreas de su vida.' (Briyis, 02 de octubre de 2021, Manaos, Brasil)

Las poblaciones indígenas desplazadas enfrentan una barrera particular para acceder a una atención médica adecuada y al ejercicio del derecho a la salud. Esta es una de las principales necesidades de la comunidad Warao. Varios factores estructurales impactan en el acceso a la salud de las comunidades Warao en Venezuela. Por ejemplo, la ubicación remota de varias aldeas Warao significa que es difícil acceder a hospitales adecuados, especialmente cuando el combustible para los barcos de los que dependen para el transporte es escaso y cada vez más caro. Como consecuencia, hay desnutrición entre niños y niñas migrantes, las mujeres embarazadas apenas ven médicos y los migrantes Warao de todas las edades sufren problemas respiratorios como tuberculosis y neumonía, que son la causa más común de muerte entre la comunidad Warao (Rosa, 2020).

Las necesidades de atención médica de las mujeres Warao también varían debido a las especificidades culturales. Como se describe en el Capítulo 1, la alimentación

> '[Indigenous Warao women] have a very strong connection to food. Women attribute any pain or harm to their health to food. For instance, Warao women can't eat red meat whilst breastfeeding or when they have their period. Their body can't have red meat because other blood comes from it.' (15 August 2021, Manaus, Brazil)

A lack of decent, culturally specific nourishment is related to high-risk pregnancy among Warao women and difficulties with breastfeeding and menstruation (Rosa, 2010:107–108,111; Freire, 2011). Warao migrants are dying in high rates in Brazil (Rosa 2020:307) and the lack of attempts to bridge existing cultural barriers to redress this situation and to ensure that the Warao migrants have full access to their right to health is a major problem that demands urgent attention. Providing culturally sensitive food in shelters is an essential part of upholding Indigenous migrant women's sexual and reproductive rights.

This relates to another barrier: healthcare professionals in Brazil and the Warao community have different understandings of what the 'right to health' means. For the Warao community, religious and cultural considerations, as well as the composition of the family and community structure, determines their understanding of health, who provides healthcare, and how. Medical care and healthcare for Indigenous populations should respond and adapt to their socio-cultural context and their perception of health and disease, as this may vary according to their religions and cultural patterns, beliefs, and preferences.

Beyond cultural and linguistic differences, experiences of discrimination are far too common for migrant women and girls in different public spaces, including the

es fundamental para la salud sexual y reproductiva de las mujeres Warao. Los alimentos tradicionales específicos ayudan a las mujeres Warao a lidiar con los dolores del parto y posparto y a producir leche para amamantar. La comida tradicional también se correlaciona con los ciclos menstruales y reproductivos de las mujeres Warao. Por ejemplo, como explicó Geysy Rodríguez[6]:

> '[Las mujeres indígenas Warao] tienen una conexión muy fuerte con la comida. Las mujeres atribuyen cualquier dolor o daño a su salud a la alimentación. Por ejemplo, las mujeres Warao no pueden comer carne roja mientras amamantan o cuando tienen el período. Su cuerpo no puede tener carne roja porque de él sale otra sangre.' (15 de agosto de 2021, Manaos, Brasil)

La falta de una alimentación digna y culturalmente específica está relacionada con embarazos de alto riesgo entre las mujeres Warao y dificultades con la lactancia y la menstruación (Rosa, 2010: 107-108,111; Freire, 2011). Los migrantes Warao se están muriendo en altas tasas en Brasil (Rosa, 2020: 307) y la falta de intentos de superar las barreras culturales existentes para corregir esta situación y garantizar que tengan pleno acceso a su derecho a la salud es un problema importante que exige atención urgente. Proporcionar alimentos culturalmente sensibles en los albergues es una parte esencial de la defensa de los derechos sexuales y reproductivos de las mujeres indígenas migrantes.

Esto se relaciona con otra barrera: los profesionales de la salud en Brasil y la comunidad Warao tienen diferentes interpretaciones de lo que significa el 'derecho a la salud'. Para la comunidad Warao, las consideraciones religiosas y culturales, así como la composición de la estructura familiar y comunitaria, determinan

healthcare services and treatment. Violence in the healthcare system comes in many forms, and demonstrates institutional and interpersonal anti-migrant discrimination in health services in Brazil. This may be expressed through lack of sensitivity, lack of empathy, lack of explanation of processes, and dismissal of migrant women and girls' pain and problems.

Discrimination can also be manifested as obstetric violence, intertwining 'gender and institutional violence' (Gil, 2017). Obstetric violence is evident in many Venezuelan migrant women's experiences and emphasizes the role of intersectional characteristics such as racism, sexism, and social prejudice, which often affect migrants as well as non-migrants (Do Carmo Leal et al., 2017).

Although obstetric violence has been recognized in Venezuelan law since 2014, in Brazil the term, its causes, and even its severity are contested (Leite et al., 2022). In the case of Venezuelan migrants, some participants who gave birth in Brazil recounted serious neglectful and dehumanized treatment. Similar to the treatment of Black women in Brazil, doctors seem to make Venezuelan women endure more pain for longer periods of time and their complaints are frequently dismissed without the provision of corresponding painkillers or other appropriate medical support (Do Carmo Leal et al., 2017).

su comprensión de la salud, quién brinda atención médica y cómo. La atención médica y de salud para las poblaciones indígenas debe responder y adaptarse a su contexto sociocultural y su percepción de la salud y la enfermedad, ya que esto puede variar según sus religiones y patrones culturales, creencias y preferencias.

Más allá de las diferencias culturales y lingüísticas, las experiencias de discriminación son demasiado comunes para las mujeres y niñas migrantes en diferentes espacios públicos, incluidos los servicios y el tratamiento de la salud. La violencia en el sistema de salud se presenta de muchas formas y demuestra la discriminación antimigrante institucional e interpersonal en los servicios de salud en Brasil. Esto puede expresarse a través de la falta de sensibilidad, falta de empatía, falta de explicación de los procesos y desestimación de los dolores y problemas de las mujeres y niñas migrantes.

La discriminación también puede manifestarse como violencia obstétrica, entrelazando 'violencia de género e institucional' (Gil, 2017). La violencia obstétrica es evidente en las experiencias de muchas migrantes venezolanas y enfatiza el papel de las características interseccionales como el racismo, el sexismo y los prejuicios sociales, que a menudo afectan tanto a las migrantes como a las no migrantes (Do Carmo Leal, 2017).

Si bien la violencia obstétrica está reconocida en la legislación venezolana desde 2014, en Brasil se cuestiona el término, sus causas e incluso su gravedad (Leite et al., 2022). En el caso de las migrantes venezolanas, algunas participantes que dieron a luz en Brasil relataron un grave trato negligente y deshumanizado. Al igual que las mujeres negras en Brasil, los médicos parecen hacer que las mujeres venezolanas soporten más dolor durante más tiempo y sus quejas con frecuencia son desestimadas sin la provisión de los analgésicos correspondientes u otro apoyo médico adecuado (Do Carmo Leal, et al 2017).

BARRIERS TO SEXUAL AND REPRODUCTIVE HEALTHCARE

ACCESSING SRH SERVICES AND RIGHTS AND CONSEQUENCES

(UNMET) SRH NEEDS

COUNTRY OF ORIGIN
- Medicines
- Menstrual kits
- Hospital care
- Nutrition
- Overall healthcare services
- Protection against gendered violence
- Contraceptives
- Treatment and prevention of STIs and HIV
- Maternal and child healthcare

TRANSIT
- Nutrition and water
- Sanitation and hygiene services
- Contraceptives
- Protection and prevention of Sexual exploitation
- Treatment and prevention of STIs and HIV
- Maternal and child healthcare
- Psychological and trauma support

COUNTRY OF ABODE
- Post-exposure treatment to sexual violence and care and psychological support
- Prevention and treatment of STI and other infections
- Family planning
- Continuity of care
- Access to laboratory and diagnoses for SRH
- access to counselling and psychological and emotional support
- Menstrual health and hygiene conditions upon entry, in shelters, available health services
- Privacy in shelters
- Safe spaces to speak about SRH and gendered violences
- Culturally sensitive SRH services
- Access to appropriate nutrition and food
- Safe and legal abortion services and post-abortion care

LACK OF INFORMATION
Limited access to adequate health services, contraceptives, menstrual hygiene products and continuity of treatment; limited ability to seek and reach healthcare and documentation

SOLE CAREGIVING
Gendered violence; harassment; abuse; limited time to seek healthcare; reprioritisation of needs; sitgma

INSTITUTIONAL FACTORS
Insensitive and inappropriate health professional training; discriminatory practices; lack of LGBTIA-friendly support and policies; interrupted physical and psychological treatments; limited childcare facilities; unavailability of menstrual products; lack of safe spaces; inadequate mechanisms of feedback; bureaucracy

LEGAL STATUS/MODALITY OF TRAVEL
Discrimination; stigma; forced return; GBV; SRHR risks; unwanted pregnancies; limited access to adequate health services; institutional violence; family separation; lack of information on SRHR and services

CULTURAL INSENSITIVITIES
Discrimination; institutional and obstetric violence; family separation; lack of traditional medicine and food; inadequate maternal and child healthcare

DISCRIMINATION
Negatively impacts health-seeking behaviour; obstetric violence; institutional and interpersonal violence; stigma; psychological distress

LANGUAGE
Lack of access to health services; misunderstanding of treatment; discrimination; dependency; lack of voice

POVERTY
Constrained choices; homelessness; transactional/-survival sex; labour and sexual exploitation; trafficking; poor caregiving ability; low ability to pay for healthcare (medicines/ transport)

PRECARIOUS & INFORMAL WORK
GBV; gender insecurity, harassment, lack of access to services; lack of labour rights; lack of safety net; labour & sexual exploitation; unemployment; depletion; mental and physical exhaustion

MOVING FORWARD / *SALIR ADELANTE*

BARRERAS DE ACCESO A LOS SERVICIOS DE SSR Y DERECHOS Y CONSECUENCIAS

NECESIDADES SSR (INCUMPLIDAS)

CUIDAD DE ORIGEN
- Medicamentos
- Kits menstruales
- Cuidado de hospital
- Nutrición
- Servicios de cuidados generales
- Protección en contra de la Violencia de género
- Anticonceptivos
- Tratamiento y prevención de ITS y VIH
- Cuidado de salud materno-infantil

TRANSITO
- Nutrición y agua
- Servicios de sanidad e higiene
- Anticonceptivos
- Protección y prevención de Explotación sexual
- Tratamiento y prevención de ITS y VIH
- Cuidado de salud materal y de Niños
- Apoyo psicológico y de trauma

CUIDAD DE RESIDENCIA
- Tratamiento de post-exposición a Violencia sexual y Apoyo psicológico y de cuidado
- Prevención y tratamiento de ITS y Otras infecciones
- Organización familiar
- Continuidad de tratamiento
- Acceso a laboratorio y Diagnósticos
- Acceso a consejo y apoyo Psicológico y emocional
- Condiciones de higiene y salud Menstrual de ingreso, en Refugio, y en servicios de salud Disponibles
- Privacidad en refugios
- Espacios seguros para hablar Acerca de SSR y violencia de Género
- Servicios SHR culturalmente Sensibles
- Acceso apropiado a nutrición y Comida
- Servicios de aborto seguros y Cuidado post-aborto

DISCRIMINACIÓN
Afecta la búsqueda y solicitud de atención; prácticas discriminatorias; violencia obstétrica; violencia institucional e interpersonal; estigma; estrés psicológico

POBREZA
Opciones restringidas; desamparo; sexo transaccional/ de sobrevivencia; explotación; tráfico; limitada provisión de cuidados; asequibilidad a salud (medicinas, transporte)

IDIOMA
Carencia de acceso a servicios de salud; mal entendimiento del tratamiento; discriminación; dependencia; falta voz

IDIOMA POBREZA
Discriminación, violencia institucional y obstétrica; separación familiar, carencia de medicina y comida tradicional; cuidado de salud infantil y maternal inadecuado

CARENCIA DE INFORMACIÓN
Acceso limitado a servicios de salud adecuados; anticonceptivos; productos de higiene menstrual continuidad de tratamiento, limitación para buscar y alcanzar cuidado de salud y documentación

CUIDADO EXCLUSIVO
Violencia de género; acoso; abuso; tiempo limitado para buscar cuidado de salud; repriorización de necesidades; estigma

SITUACIÓN LEGAL/ MODALIDAD DE VIAJE
Discriminación; estigma, deportación; VBG; riesgos SHRN; embarazos no deseados; acceso limitado a servicios de salud adecuados; violencia institucional;

TRABAJO PRECARIO E INFORMAL
VBG; inseguridad de género; acoso; carencia de acceso a servicios; carencia de derechos de trabajo; carencia de red de seguridad; explotación laboral & sexual; desempleo; depleción;

FACTORES INSTITUCIONALES
Profesional de salud inapropiado y insensible; prácticas discriminatorias; carencia de políticas apropiadas para población LGBTIA+; tratamientos físicos y psicológicos interrumpidos; falta de políticas de cuidados; carencia de disponibilidad de productos menstruales; carencia de espacios seguros; mecanismo inadecuado de retroalimentación; burocracia

Improving access to sexual and reproductive healthcare

Everybody deserves the right to quality and dignified healthcare. Policies and mechanisms therefore need to ensure that migrant women are no exception. The right to health, including sexual and reproductive health, is protected by several international human rights treaties and national constitutional rights, obligating states and health authorities to respect and guarantee this right without discrimination.[7] Nonetheless, as we have seen, migrants face a number of challenges that undermine their sexual and reproductive healthcare needs and rights, including disproportionately limited access to contraception and pregnancy termination. These photos and testimonies show that more needs to be done to guarantee that migrants who do not have documents or proof of identity can gain information about how to access timely healthcare for themselves or for other people in their care.

Overall, efforts need to be made to tackle social, cultural, economic, and legal determinants of health in practice, while strengthening health systems to respond with appropriate and approachable care that can improve the physical and mental health of migrant women and girls.

More must be done to ensure that women and teenagers are informed and educated about the full range of contraceptive options available to them and their right to choose and change contraceptives that do not work with their bodies. Methods of contraception should be free and available at places such as migrant shelters. It is the responsibility of the health services to make sure that clear and accurate information about contraception (including emergency contraception), sexually transmitted infections, and family planning reaches migrant women and teenagers. Mechanisms of feedback regarding the use and choice of contraceptives are needed for a more sustained attention regarding the reproductive health of migrants.

Mejorar el acceso a la salud sexual y reproductiva

Todos y todas merecemos el derecho a una salud digna y de calidad. Por lo tanto, las políticas y los mecanismos de implementación deben garantizar que las mujeres migrantes no sean una excepción. El derecho a la salud, incluida la salud sexual y reproductiva, está protegido por varios tratados internacionales de derechos humanos y derechos constitucionales nacionales, que obligan a los Estados y autoridades sanitarias a respetar y garantizar este derecho sin discriminación.[7] No obstante, como hemos visto, muchas migrantes enfrentan una serie de desafíos que socavan sus necesidades y derechos de salud sexual y reproductiva, incluido el acceso desproporcionadamente limitado a la anticoncepción y la interrupción del embarazo. Estas fotos y estos testimonios muestran que se necesita hacer más para garantizar que las personas migrantes que no tienen documentos o prueba de identidad puedan obtener información sobre cómo acceder a una atención médica oportuna para ellas o para otras personas bajo su cuidado.

En general, se deben realizar esfuerzos para abordar los determinantes sociales, culturales, económicos y legales de la salud en la práctica, al tiempo que se fortalezcan los servicios de salud para responder con una atención adecuada y accesible que pueda mejorar la salud física y mental de las mujeres y niñas migrantes.

Se debe hacer más para garantizar que las mujeres y las adolescentes estén informadas y educadas sobre la gama completa de opciones anticonceptivas disponibles para ellas y su derecho a elegir y a cambiar de métodos anticonceptivos si no son adecuados para su cuerpo. Los métodos anticonceptivos deben ser gratuitos y deben estar disponibles en lugares como los refugios para migrantes. Es responsabilidad de los servicios de salud asegurarse de que información clara y precisa sobre la anticoncepción,

Policies must be both short- and long-term, going beyond the provision of only immediate action against sexually transmitted infections. Access to high quality, appropriate, safe mental health and wellbeing support that is gender- and age-sensitive and supports women through sexual and reproductive trauma would be a major step towards guaranteeing forcibly displaced women and girls live fulfilled and happy lives (as well as fulfilling their human rights). Migrant women and girls should also be provided with spaces for socializing and sharing experiences, particularly those who experience traumatic situations.

Information also must be provided on women's right to access legal and safe abortion in the case of rape and sexual violence. Information at borders, in shelters, and through appropriate networks should be made accessible and easy to reach. It should be language- and culture-sensitive, as well as age-appropriate, and describe the rights to healthcare for migrants and the gratuity, availability, location, and hours of services at the different levels of care – regardless of immigration status.

It must be made easier for women and girls to manage menstruation. Shelters should offer a variety of adequate, clean underwear to assist the many women and girls who arrive at shelters with limited or no possessions, including menstrual products. Shelters should also have first aid kits and information that is age-appropriate to give migrant women and girls more independence when dealing with their own everyday health, such as management of menstrual pain. They should ensure appropriate access to hygienic conditions for women and girls to feel comfortable and safe in dealing with their menstrual hygiene.

Policymakers must ensure that racist and discriminatory attitudes and practices are tackled so that migrants are not exposed to disproportionate risk of sexual and reproductive violence, including obstetric violence. Policymakers must recognize the existence and severity of obstetric violence for all women – a phenomenon that puts

incluida la anticoncepción de emergencia, infecciones de transmisión sexual y planificación familiar, llegue a las mujeres y las adolescentes migrantes. Se necesitan mecanismos de retroalimentación sobre el uso y la elección de los anticonceptivos para garantizar una atención más sostenida sobre la salud reproductiva de las personas migrantes.

Las políticas deben ser a corto y a largo plazo, yendo más allá de la provisión de una acción inmediata. También es necesario que haya acceso a servicios de apoyo a la salud mental y al bienestar apropiados, seguros, que sean de alta calidad, tengan en cuenta el género y la edad y apoyen a las mujeres a superar el trauma sexual y reproductivo. Esto sería un paso importante para garantizar que las mujeres y niñas desplazadas vivan vidas plenas y felices (y que se respeten sus derechos humanos) Otro servicio que el Estado debe proveer es el espacio para socializar y compartir experiencias, en particular para quienes viven en situaciones traumáticas.

También se debe brindar información sobre el derecho de las mujeres a acceder al aborto legal y seguro en caso de violación y violencia sexual. La información en las fronteras, en los refugios y a través de las redes apropiadas debe ser accesible y de fácil acceso. Debe ser sensible al idioma y la cultura, así como apropiada para la edad, y debe describir los derechos a la atención médica para las migrantes y la gratuidad, disponibilidad, ubicación y horario de los servicios en los diferentes niveles de atención, independientemente del estado migratorio.

Se debe facilitar el manejo de la menstruación para las mujeres y las niñas. Los refugios deben ofrecer una variedad de ropa interior adecuada y limpia para ayudar a las muchas mujeres y niñas que llegan allí sin posesiones o con posesiones limitadas, incluidos productos menstruales. Los albergues también deben tener botiquines de primeros auxilios e información adecuada a la edad para dar a las mujeres y niñas migrantes

BARRIERS TO SEXUAL AND REPRODUCTIVE HEALTHCARE

women and children's wellbeing, health, and indeed their lives at severe risk. In order to humanize healthcare provision, address migrant women's pain, and better implement already existing guidelines, it is necessary to train healthcare professionals in antiracism, equality, and diversity, focusing on anti-migrant attitudes.

Mechanisms to monitor the fulfillment of these policies should be in place to ensure that the appropriate training is offered to health authorities and administrative and operational staff of health institutions. Specific guidance and training should be considered to make the experience of healthcare culturally sensitive, inclusive, and respectful for Indigenous migrants.

Finally, women and girls should be consulted and included in order to facilitate decision-making and the allocation of resources that correspond to migrants' sexual and reproductive healthcare needs.

más independencia cuando se ocupan de su propia salud cotidiana, como el control del dolor menstrual. Deben garantizar el acceso adecuado a las condiciones higiénicas para que las mujeres y las niñas se sientan cómodas y seguras en el manejo de su higiene menstrual.

Los responsables de la elaboración de políticas deben garantizar que se eviten y reviertan actitudes y prácticas racistas y discriminatorias para que las migrantes no estén expuestas a un riesgo desproporcionado de violencia sexual y reproductiva, incluida la violencia obstétrica. Deben reconocer la existencia y la gravedad de la violencia obstétrica para todas las mujeres, un fenómeno que pone en grave riesgo el bienestar, la salud y, de hecho, la vida de las mujeres y los infantes. Para humanizar la prestación de servicios de salud, abordar el dolor de las mujeres migrantes e implementar mejores pautas ya existentes es necesario capacitar a los profesionales de la salud en antirracismo, igualdad y diversidad, centrándose en las actitudes antiinmigrantes.

Deben existir mecanismos para monitorear el cumplimiento de estas políticas y para asegurar que se brinde la capacitación adecuada a las autoridades de salud y al personal administrativo y operativo de las instituciones de salud. Se debe considerar la orientación y la capacitación específicas para que la experiencia de la atención médica sea culturalmente sensible, inclusiva y respetuosa para las personas migrantes indígenas.

Finalmente, las mujeres y las niñas deben ser consultadas e incluidas para facilitar la toma de decisiones y la asignación de recursos que correspondan a las necesidades de salud sexual y reproductiva de las personas migrantes.

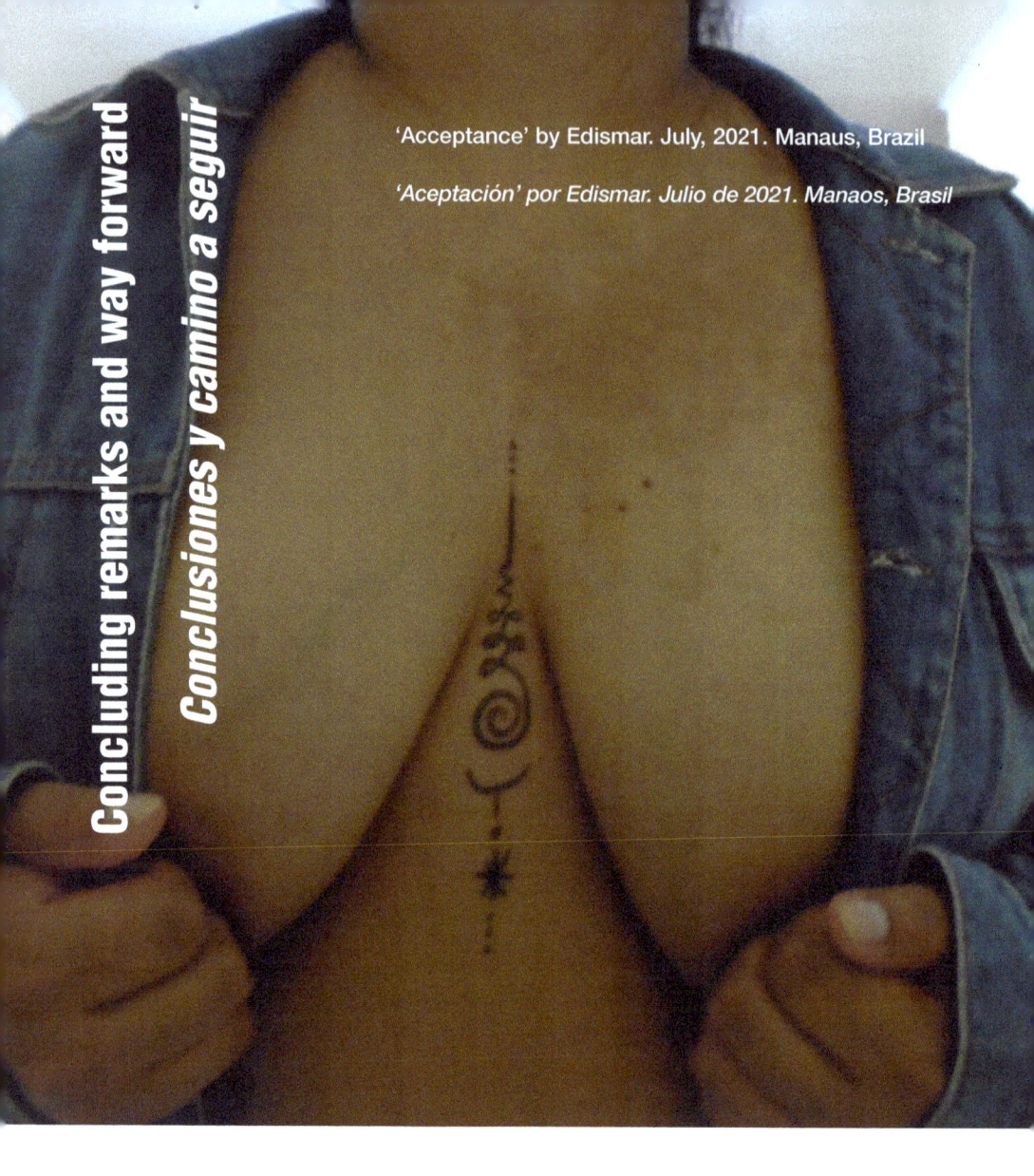

'Acceptance' by Edismar. July, 2021. Manaus, Brazil

'Aceptación' por Edismar. Julio de 2021. Manaos, Brasil

Concluding remarks and way forward

Conclusiones y camino a seguir

CONCLUDING REMARKS AND WAY FORWARD

Throughout this book we have aimed to bring to the fore the perspectives and voices of the migrant women and girls who shared their experiences with us through their photographs and their words. What we have shared here are some deeply personal, emotional, and embodied experiences of care and motherhood, gendered violence, and access to healthcare of migrants on the move.

Several international human rights treaties protect the right to health, including sexual and reproductive health, and impose obligations on states to respect and guarantee this right without discrimination.[8] Additionally, sexual and reproductive health is a core element of the international development agenda included in the United Nations Sustainable Development Goals (SDGs), based on recognition of the link between health and poverty. However, it is clear that the experiences of forcibly displaced women and girls are commonly and inherently linked to situations of gendered insecurities and violence that impact on their mental, physical, and sexual health. Migrant women and girls face different axes of discrimination based on their race, ethnicity, age, and socioeconomic and legal status. For all of these reasons, forced migration is a determinant of health that involves varied gendered health risks that intersect with other vulnerabilities prior to and during the migratory journey, as well as in host societies.

The testimonies in this book show how poverty and barriers to accessing decent, formal labour are intricately linked to women's experiences of caregiving during displacement. In fact, there is evidence of cyclical challenges. On the one hand, gendered caregiving responsibilities motivate women's decisions to migrate and escape poverty through finding employment in another country. At the same time and especially for single mothers, however, a lack of support with caregiving impedes their ability to '*salir adelante*', or get ahead. This can leave women and their children trapped in precariousness and poverty. In these desperate conditions, women's

A lo largo de este libro hemos tenido como objetivo poner en primer plano las perspectivas y voces de las mujeres y niñas migrantes que compartieron con nosotras sus experiencias vividas a través de sus fotografías y sus palabras. Lo que hemos compartido aquí son algunas experiencias profundamente personales, emocionales y encarnadas relacionadas con el cuidado y la maternidad, la violencia de género y el acceso a servicios de salud.

Varios tratados internacionales de derechos humanos protegen el derecho a la salud, incluidos los derechos a la salud sexual y reproductiva, e imponen a los Estados las obligaciones de respetar y garantizar este derecho sin discriminación.[8] Además, la salud sexual y reproductiva es un elemento central de la agenda internacional de desarrollo incluida en los Objetivos de Desarrollo Sostenible (ODS) de las Naciones Unidas, basada en el reconocimiento del vínculo entre salud y pobreza. Sin embargo, está claro que las experiencias de las mujeres y niñas desplazadas de manera forzada están vinculadas inherentemente a situaciones de inseguridad y violencia de género que afectan su salud mental, física y sexual. Las mujeres y niñas migrantes se enfrentan a diferentes ejes de discriminación en función de su raza, etnia, edad y situación socioeconómica y jurídica. Por todas estas razones, la migración forzada es un factor determinante de la salud, lo que implica diversos riesgos de género que se cruzan con otras vulnerabilidades antes y durante el viaje migratorio, así como en las sociedades de acogida.

Los testimonios de este libro muestran cómo la pobreza y las barreras para acceder a un trabajo decente y formal están intrínsecamente vinculadas a las experiencias de cuidado de las mujeres durante el desplazamiento. De hecho, hay evidencia de desafíos cíclicos. Por un lado, las responsabilidades de cuidado motivan las decisiones de las mujeres a la hora de migrar y escapar de la pobreza a través de la búsqueda de empleo en otro país. No obstante, al mismo tiempo y especialmente en el caso de las madres solteras, la falta de apoyo con el cuidado de sus seres queridos y de sí mismas impide

physical, sexual, and mental health suffer because they often put themselves last on the list of priorities for care and wellbeing.

The same conditions of risk and uncertainty cause and intensify specific experiences of gender-based violence endured by migrant women and girls. For example, poverty, irregular legal status, and racist and misogynistic stereotypes of Venezuelan migrant women and girls can leave them exposed to sexually predatory beliefs and behaviours. This leads to sexual violence and exploitation perpetrated against women before, during, and after migration, especially in unregulated sites like *trochas* or informal workplaces. Women and girls also experience intimate-partner and gender-based violence before, during, and after their journey, and they are acutely aware of the ominous risk of femicide. For migrant women and girls, their lack of support networks, knowledge of laws, and access to financial resources and protection mechanisms in the host country make it even more difficult to escape situations of violence.

These challenges to caregiving, self-care, and violence negatively impact female migrants' healthcare opportunities and their prospects of seeking healthcare. Their difficulties in everyday life, complicated by interpersonal and institutional mistreatment and oppression; exclusion; patriarchal social norms; and in some cases justice systems, prevent female migrants from getting the healthcare they need.

There are positive accounts of migrant women and girls accessing sexual and reproductive healthcare, and being relatively satisfied with the availability of contraception and family planning information compared to scarcities in Venezuela. However, we've also seen serious barriers to access, related to discrimination and culturally insensitive – and at times violent – treatment from healthcare professionals. Medical attention for migrant women and girls also falls far short of being as holistic, preventative, and rights-based as is needed. This creates significant risk to the health and wellbeing of migrant women and their children. Without healthcare and

su capacidad de 'salir adelante'. Esto puede dejar a las mujeres y a sus hijos e hijas atrapados en la precariedad y la pobreza. En estas condiciones desesperadas, la salud física, sexual y mental de las mujeres sufre porque a menudo se colocan en último lugar en la lista de prioridades para el cuidado y el bienestar.

Las mismas condiciones de riesgo e incertidumbre causan e intensifican experiencias específicas de violencia de género sufridas por mujeres y niñas migrantes. Por ejemplo, la pobreza, el estatus legal irregular y los estereotipos racistas y misóginos que enfrentan las migrantes venezolanas pueden dejarlas expuestas a creencias y comportamientos sexuales depredadores. Esto conduce a la violencia sexual y la explotación perpetradas contra las mujeres antes, durante y después de la migración, especialmente en sitios no regulados como las trochas *o en lugares de trabajo informales. Las mujeres y las niñas también sufren muchas veces violencia íntima y de género por parte de su pareja antes, durante y después de su viaje, y son muy conscientes del siniestro riesgo del femicidio. Para las mujeres y niñas migrantes, la falta de redes de apoyo, conocimiento de las leyes, acceso a recursos financieros y mecanismos de protección en el país de acogida hacen que les sea aún más difícil escapar de situaciones de violencia.*

Estos desafíos para el cuidado, el autocuidado y la violencia afectan negativamente las oportunidades de búsqueda y atención médica de las mujeres migrantes. Sus dificultades en la vida cotidiana, complicadas por el maltrato y la opresión interpersonal e institucional, la exclusión, las normas sociales patriarcales, y en algunos casos los sistemas de justicia, impiden que las mujeres migrantes reciban la atención de salud que necesitan.

Hay relatos positivos de mujeres y niñas migrantes que tuvieron acceso a servicios de salud sexual y reproductiva, y están relativamente satisfechas con la disponibilidad de información sobre la anticoncepción y la planificación familiar en

with limited access to information, support networks, and feedback mechanisms that allow migrant women and girls to express their needs and claim their rights, migrant women and adolescents' ability to enjoy a fair, dignified, and healthy life is severely impeded.

The appeal to religion, and to God in particular, figures prominently in women's accounts of protection in displacement, especially those that cross the borders via *trochas* or face situations and feelings of recurrent insecurity. For many participants, faith in God seems to fill the void in protection from state policy and can give meaning to testing situations, even of danger and abuse. Facing a lack of resources and helplessness, faith also brings hope to many displaced people. Yet, while it is a coping and survival mechanism, it cannot replace states' legal, moral, and ethical obligations and responsibilities to protect migrant women and girls, particularly forced migrants, throughout their journey and in host countries.

Migration is an essential element in national social and economic growth. Migrant women and adolescent girls can play an important role in propelling that growth. To do so, however, they must be able to connect to social networks and institutions that can protect and enhance their safety and wellbeing. The challenges and needs regarding care, protection, and healthcare – particularly sexual and reproductive health – of migrant women and girls and the recommendations provided throughout the three sections in this book require urgent attention if governments are serious about sustainable and durable social, political, and economic developments.

The women's experiences, as described in this book, provide valuable evidence for decision makers and practitioners to redress gendered health inequalities and enable the rights of forced migrant women and girls. All too often women and girls are seen as – and unfortunately see themselves as – last on the list of priorities. Health and wellbeing policies must recognize women and girls as valuable and deserving of empowerment, care, and

comparación con la escasez en Venezuela. Sin embargo, también hemos visto serias barreras de acceso, relacionadas con la discriminación y el tratamiento culturalmente insensible, y a veces violento, por parte de los profesionales de la salud. La atención médica y el acceso a servicios de salud para las migrantes también están muy lejos de ser tan holísticos, preventivos y basados en los recursos como se necesita. Esto crea un riesgo significativo para la salud y el bienestar de las mujeres migrantes y sus hijos. Sin atención médica y con acceso limitado a salud, a información, a redes de apoyo y a mecanismos de retroalimentación y denuncia que permitan a las mujeres y niñas migrantes expresar sus necesidades y reclamar sus derechos, la capacidad de las mujeres y adolescentes migrantes para disfrutar de una vida justa, digna y saludable se ve gravemente obstaculizada.

La apelación a la religión y a Dios en particular, ocupa un lugar destacado en los relatos de las mujeres sobre la protección en el desplazamiento, especialmente aquellas que cruzan las fronteras a través de trochas o enfrentan situaciones y sentimientos de inseguridad recurrentes. Para muchas participantes, la fe en Dios parece llenar el vacío existente en la protección de la política estatal y puede dar sentido a situaciones de riesgo, incluso de peligro y abuso. Frente a la falta de recursos y la impotencia, la fe también trae esperanza a muchas personas desplazadas. Sin embargo, si bien es un mecanismo de afrontamiento y supervivencia, no puede reemplazar las obligaciones legales, morales y éticas de los Estados y las responsabilidades de proteger a las mujeres y niñas migrantes, en particular a las migrantes forzadas, durante todo su viaje y en el lugar de acogida.

La migración es un elemento esencial del crecimiento social y económico nacional. Las mujeres y adolescentes migrantes pueden desempeñar un papel importante en el impulso de ese crecimiento. Para hacerlo, sin embargo, deben poder conectarse con redes sociales e instituciones que puedan proteger y mejorar su seguridad y bienestar. Los desafíos y necesidades de

protection. Above all, policymakers must pay attention to these women's experiences because all migrant women and girls deserve to live happy, healthy, safe, and fulfilling lives. They deserve the opportunity to reach their full potential, to enjoy their rights, and to live their life with dignity.

Five-point plan

Our recommendations can be summarized as follows:

- Effective gender-focused policy must be intersectional, rights-based, and informed by women and girls' lived experiences. For example, health policies aimed at Indigenous communities must take into account their particular cosmovision; and girls and teenagers must be visible in policy, with empowering and protective strategies that address the specific risks they face.
- Poverty and socioeconomic inequality are at the root of migrant women and girls' vulnerability in misogynistic societies. Policies must create conditions for migrant women to access decent, formal employment with full enjoyment of labour rights and social security. This means ensuring the provision of affordable, appropriate, and high-quality childcare facilities. Likewise, workplaces must be safe and free of sexual violence, harassment, and exploitation, with policies that address perpetrators' behaviour and challenge harmful cultural attitudes. Migrant women and girls must also be supported to have access to and stay in full-time and further education in order to improve their opportunities in the future.
- Policies on care, gendered violence, and access to sexual and reproductive health services must not revictimize migrant women and girls, nor place the responsibility to protect themselves from discrimination and violence solely on them. Policies must acknowledge and address the role of men, of authorities and institutions, and of host

mujeres y niñas migrantes relacionados con el cuidado, la protección y el acceso a servicios de salud, en particular, la salud sexual y reproductiva, así como las recomendaciones formuladas en las tres secciones de este libro requieren de atención urgente, si los gobiernos quieren tomar en serio el desarrollo social, político y económico sostenible y duradero.

Las experiencias de las mujeres, como se describen en este libro, proporcionan una evidencia valiosa para que los responsables de la toma de decisiones y los profesionales reparen las desigualdades de salud de género y faciliten los derechos de las mujeres y niñas migrantes forzadas. Con demasiada frecuencia, las mujeres y niñas son vistas como las últimas en la lista de prioridades y desafortunadamente, ellas se ven a sí mismas como tales. Las políticas de salud y bienestar deben reconocer a las mujeres y las niñas migrantes como personas valiosas y merecedoras de empoderamiento, cuidado y protección. Por encima de todo, los responsables de la formulación de políticas deben prestar atención a sus experiencias porque todas las mujeres y niñas migrantes merecen vivir vidas felices, saludables, seguras y plenas. Merecen la oportunidad de alcanzar su máximo potencial, disfrutar de sus derechos y vivir su vida con dignidad.

Plan de cinco puntos

Nuestras recomendaciones se pueden resumir de la siguiente manera:

- *Una política eficaz centrada en el género debe ser interseccional, basada en los derechos e informada por las experiencias vividas por las mujeres y niñas. Por ejemplo, las políticas de salud dirigidas a las comunidades indígenas deben tener en cuenta su cosmovisión particular; y las niñas y adolescentes deben ser visibles en las políticas, con estrategias de empoderamiento y protección que aborden los riesgos específicos que enfrentan.*

CONCLUDING REMARKS AND WAY FORWARD

communities in creating and perpetuating discrimination and violence against migrant women and girls.
- Migrant women and girls experience profound challenges before, during, and after migration often on their own or with severely reduced support networks. Ability to access international protection is paramount to their wellbeing. Moreover, safe spaces to talk and access psychosocial support led by female facilitators trained in gender-sensitive or feminist approaches would go a long way in helping migrant women and girls to develop networks with one another and practise self- and collective care.
- In order to create effective, holistic, preventative, and durable solutions to sexual and reproductive health challenges, policymakers must hear the voices of migrant women and girls. Migrant women and girls must be included in debates and discussions about the design of policies. This also means creating care, health, and labour policies that are empowering and supportive of economic and emotional independence. Any health policy must include mental health and policies that address gender violence while policies on sexual and reproductive health services must go beyond simply providing contraception or mitigating perceived immediate emergencies.

- *La pobreza y la desigualdad socioeconómica son la raíz de la vulnerabilidad de las mujeres y niñas migrantes en sociedades misóginas. Las políticas deben crear las condiciones para que las mujeres migrantes accedan a un empleo decente y formal, con pleno disfrute de los derechos laborales y de la seguridad social. Esto significa garantizar la provisión de instalaciones de cuidado infantil asequibles, apropiadas y de alta calidad. Del mismo modo, los lugares de trabajo deben ser seguros y libres de violencia sexual, acoso y explotación, con políticas que contemplen el comportamiento de los perpetradores y desafíen las actitudes culturales dañinas. También se debe apoyar a las migrantes para que tengan acceso a una educación a tiempo completo y a una educación superior y puedan permanecer en ellas, a fin de mejorar sus oportunidades en el futuro.*
- *Las políticas sobre el trabajo de cuidado, la violencia de género y el acceso a servicios de salud sexual y reproductiva no deben revictimizar a las mujeres y niñas migrantes, ni atribuir la responsabilidad de protegerse de la discriminación y violencia únicamente a ellas. Las políticas deben reconocer y abordar el papel de los hombres, de las autoridades e instituciones, y de las comunidades de acogida en la creación y perpetuación de la discriminación y la violencia contra las mujeres y niñas migrantes.*
- *Muchas migrantes experimentan profundos desafíos antes, durante y después de la migración, a menudo por su cuenta o con redes de apoyo reducidas. La capacidad de acceder a la protección internacional es primordial para su bienestar. Además, los espacios seguros para hablar y acceder al apoyo psicosocial dirigido por facilitadoras capacitadas en enfoques feministas o sensibles al género contribuirían en gran medida a ayudar a las mujeres y niñas migrantes a desarrollar redes entre sí y a practicar el cuidado de sí mismas y colectivo.*

- *Con el fin de crear soluciones efectivas, holísticas, preventivas y duraderas en cuanto a los desafíos de salud sexual y reproductiva, los responsables de la formulación de políticas deben escuchar las voces de las mujeres y niñas migrantes. Las migrantes deben ser incluidas en los debates y discusiones sobre el diseño de políticas. Esto también significa crear políticas de cuidado, salud y trabajo que empoderen y apoyen la independencia económica y emocional. Cualquier política de salud debe incluir la salud mental y políticas que aborden la violencia de género, mientras que las políticas sobre servicios de salud sexual y reproductiva deben ir más allá del mero suministro de anticonceptivos y la mitigación de las las urgencias percibidas.*

Afterword
Epílogo

AFTERWORD

Making the photobook

The research for this book took place between June and October 2021. A series of workshops and focus group discussions were carried out with over 30 displaced Venezuelan women and girls living in shelters or accessing support services in the city of Manaus, one of the main cities of arrival and settlement of Venezuelan migrants in Brazil. In the focus groups, women were provided with cameras and we agreed on the ethical and technical aspects of the exercise. The women agreed to take photographs on what they felt represented 'challenges to sexual and reproductive health in the context of displacement'.

The project coordinators worked with five separate groups of women and adolescent girls, ranging from 15 to 49 years old, comprising 18 non-Indigenous women, eight Indigenous women, and one non-Indigenous adolescent girl. We provided introductory workshops in each group to introduce the concept and goals of photovoice (elucidated below), to collectively discuss the understanding and expectations of what defines sexual and reproductive health and rights, and to explain basic photography skills. Participants were provided with digital compact non-professional cameras (Sony Cyber-shot DSC-W800) and given a limited number of days to take photographs. Supportive sessions were provided during this time and a final workshop was conducted to discuss and select the photos for this book.

We are grateful to the coordinators at the shelters Casa de Acolhimento Tarumã Açú II and Serviço de Acolhimento Institucional Para Adultos e Famílias SAIAF Coroado, as well as the non-governmental organization Associação Hermanitos in Manaus and colleagues at Fiocruz Manaus for facilitating contact with the migrant women and girls who participated in this project and for organizing a venue for the workshops.

La realización del fotolibro

La investigación para este libro tuvo lugar entre junio y octubre del 2021. Se llevaron a cabo una serie de talleres y discusiones en grupos focales con más de 30 mujeres y niñas venezolanas desplazadas que viven en albergues o que acceden a servicios de apoyo en la ciudad de Manaos, una de las principales ciudades de llegada y asentamiento de migrantes venezolanos en Brasil. En los grupos focales, las mujeres recibieron cámaras y acordamos los aspectos éticos y técnicos del ejercicio. Las mujeres aceptaron tomar fotografías sobre lo que sentían que representaba para ellas "desafíos para la salud sexual y reproductiva en el contexto del desplazamiento".

Las coordinadoras del proyecto trabajaron con cinco grupos focales diferentes de mujeres y adolescentes, de entre 15 y 49 años de edad, que comprenden 18 mujeres no indígenas, ocho mujeres indígenas y cinco adolescentes no indígenas. Proporcionamos talleres introductorios en cada grupo para introducir el concepto y los objetivos de la fotovoz (aclarados a continuación), para debatir colectivamente la comprensión y las expectativas de lo que define la salud y los derechos sexuales y reproductivos, y para explicar las habilidades básicas de fotografía. A las participantes se les proporcionaron cámaras digitales compactas no profesionales (Sony Cyber-shot DSC-W800) y se les dio un número limitado de días para tomar fotografías. Se facilitaron sesiones de apoyo durante este tiempo y se llevó a cabo un taller final para comentar y seleccionar las fotos para este libro.

Agradecemos a los coordinadores de los albergues Casa de Acolhimento Tarumã Açú II y Serviço de Acolhimento Institucional Para Adultos e Famílias SAIAF Coroado, así como a la organización no gubernamental Associação Hermanitos en Manaos y colegas de Fiocruz Manaos por facilitar el contacto con las mujeres y

Photovoice

Photovoice is an innovative arts-based methodology that provides research participants with cameras for them to document, reflect upon, and communicate issues of their concern, and of social concern more generally (Wang and Burris, 1997). It was developed by Caroline Wang and Mary Ann Burris as a way to promote a social justice perspective within health research by centring the voices of marginalized research participants (*ibid*, also Evans-Agnew and Rosenberg, 2016). Arts-based methodologies like photovoice are becoming increasingly popular within migration research. They are valued for their potential to cut across and transcend cultural, linguistic, and academic borders; to facilitate more egalitarian research; and to provide richer and multi-layered data regarding the lived experiences of people on the move (O'Neill, 2011; Oliveira, 2019; Jeffery et al, 2019).

Photovoice and other arts-based methodologies also play an important role in decolonizing research because they construct knowledge from within communities, with and for the affected people. They allow for knowledge to be acquired from participants, who collate this knowledge through collectively reflecting on personal and community issues. The context-based knowledge produced through visualizing and voicing community concerns has the potential to promote critical assessment of social situations and policy dialogue to redress them. Ultimately, different ways of knowing, provided in this case through images collected and explained by the migrant women and girls themselves who reflected on their lived experiences, can lead to different ways of understanding and change (Coemans and Hannes, 2017). Decolonizing research is at the core of our methodology to avoid the harmful historical practices associated with research of and about people in the Global South. These are known to tend to victimize and even 'dehumanize' (some types of) migrants by denying them agency

adolescentes migrantes que participaron en este proyecto y por organizar un lugar para los talleres.

La fotovoz

La fotovoz es una metodología innovadora basada en las artes que proporciona cámaras a participantes de la investigación para que puedan documentar, reflexionar y comunicar temas de interés social en general (Wang y Burris, 1997). Fue desarrollado por Caroline Wang y Mary Ann Burris como una forma de promover una perspectiva de justicia social dentro de la investigación sobre la salud al centrar las voces de los participantes de investigación marginados (ibíd., también Evans-Agnew y Rosenberg, 2016). Las metodologías basadas en las artes —como la fotovoz— se están volviendo cada vez más populares dentro de la investigación sobre la migración. Son valoradas por su potencial para atravesar y trascender barreras culturales, lingüísticas y académicas, para facilitar una investigación más igualitaria, y para proporcionar datos más ricos y múltiples experiencias vividas por las personas migrantes (O'Neill, 2011; Oliveira, 2019; Jeffery et al, 2019).

La fotovoz y otras metodologías basadas en las artes también desempeñan un papel importante en la descolonización de la investigación, ya que construyen conocimiento desde dentro de las comunidades, con y para las personas afectadas. Permiten que el conocimiento se adquiera de los participantes, que recopilan este conocimiento a través de la reflexión colectiva sobre cuestiones personales y comunitarias. El conocimiento basado en el contexto producido a través de la visualización y la expresión de las preocupaciones de la comunidad tiene el potencial de promover la evaluación crítica de las situaciones sociales y el diálogo sobre políticas para corregirlas. En última instancia, las diferentes formas de conocer, proporcionadas en este caso a través de imágenes recopiladas y explicadas por las propias mujeres y niñas migrantes que

Our approach

Our approach centres migrant women and girls, to make visible their needs in terms of protection and healthcare but also to highlight their human rights. We deliberately took an approach that aims to 'do no harm' nor to victimize those involved. We have aimed to actively improve the conditions of the participants in this research and that of those facing the same challenges by using participatory or so-called 'emancipatory methodologies' like photovoice, representing the voices of the migrant women and adolescents who co-created knowledge as co-researchers. In doing so, this book seeks to create more equal relations within the research process and to empower contributors rather than viewing research participants as passive informants (Velez and Tuana, 2020; Thambinathan and Kinsella, 2021). Through these photographs, participants regain control of the visual narrative, marking the boundaries of the extent and limits of their lived experience they want viewers to see. We hope our approach will avoid the reproduction of colonial hierarchies in the process of knowledge creation. We hope it will contribute to a decolonial feminist approach to change, and underscore the nuanced and often invisible gender-specific challenges that women and girls face in relation to migration, including biased power relations and harmful practices in their home countries and places of abode (see also Freedman 2016).

Ethical considerations

Visual participatory methods such as photovoice encounter a number of specific ethical issues. First, it is not always clear from the outset what the final project outcome will be as it may evolve over time. It was

reflexionaron sobre sus experiencias vividas, pueden conducir a diferentes formas de comprensión y cambio (Coemans y Hannes, 2017). La descolonización de la investigación es el núcleo de nuestra metodología con el fin de evitar las prácticas históricas nocivas asociadas con la investigación de y sobre las personas en el Sur Global. Se sabe que estas tienden a victimizar e incluso 'deshumanizar' (a algunos tipos de) migrantes al negarles agencia y voz (Vanyoro et al, 2019; Mayblin y Turner, 2021; Achiume, 2019; Vergara-Figueroa, 2018).

Nuestro enfoque

Nuestro enfoque se centra en las mujeres y niñas migrantes para visibilizar sus necesidades en términos de protección y atención en salud, pero también para resaltar sus derechos humanos. Adoptamos deliberadamente un enfoque que tiene como objetivo "no hacer daño" ni victimizar a las involucradas. Nuestro objetivo ha sido mejorar activamente las condiciones de las participantes en esta investigación, y las de aquellas que se enfrentan a los mismos desafíos, mediante el uso de metodologías participativas o llamadas "emancipadoras", como la fotovoz, que representan las voces de las mujeres y adolescentes migrantes que cocrean conocimiento como coinvestigadoras. Al hacerlo, este libro busca crear relaciones más equitativas dentro del proceso de investigación y empoderar al contribuyente en lugar de ver a los participantes de la investigación como informantes pasivos (Vélez y Tuana, 2020; Thambinathan y Kinsella, 2021). A través de estas fotografías, las participantes recuperan el control de la narrativa visual, determinando los límites de la extensión y de las experiencias vividas que quieren que los espectadores vean. Esperamos que nuestro enfoque evite la reproducción de las jerarquías coloniales en el proceso de creación de conocimiento. Esperamos que contribuya a un enfoque feminista decolonial de cambio y subraye los desafíos matizados y a menudo invisibles, específicos de género que enfrentan mujeres y niñas en relación

therefore important that informed consent was sought as a dynamic process rather than a 'one-off' event. The women were offered to withdraw consent at different points of the process up until the publishing of this photobook. Second, if people other than the women who contributed to the book were recognizable in any of the images, the latter received training in how to seek informed consent from those pictured and their responsibilities with regards to this issue. Appropriate consent forms were also shared. No recognizable images have been published or used in this project without having been seen by those pictured and their written consent received. Any photo which compromised the dignity of the participants was destroyed and training was given to the photographers about ensuring a respectful approach to the framing and discussion of images.

The photovoice process produced different types of data: the photographs themselves, the audio-recorded discussions of the photographs, and in some cases, participants' written reflections. The data was recorded and transcribed, and information anonymized when requested by the participants. All participants were required to sign a confidentiality clause so information discussed during workshops and about individuals photographed remain anonymous to the extent that is possible. To safeguard rights, we used the minimum personal data necessary guided by data protection rights for the research output to be reliable and accurate.

All protocols and ethics applications observed national ethical principles of research in Human and Social Sciences, stated by the Resolution of the National Health Council no. 466 of 12 December, 2012 in Brazil, as well as those required by the Economic and Social Research Council and the University of Southampton in the United Kingdom.

con la migración, incluidas las relaciones de poder y las prácticas nocivas en sus países de origen y lugares de residencia (ver también Freedman 2016).

Consideraciones éticas

Los métodos participativos visuales, como la fotovoz, presentan una serie de cuestiones éticas específicas. En primer lugar, no siempre está claro desde el principio cuál será el resultado final del proyecto, ya que puede evolucionar con el tiempo. Por lo tanto, es importante que se busque el consentimiento informado como un proceso dinámico y no como un evento "único". A las mujeres participantes se les ofreció la oportunidad de retirar su consentimiento en diferentes momentos del proceso hasta la publicación de este fotolibro. En segundo lugar, si alguna persona que no fuera las mujeres y que contribuyera al libro era reconocible en cualquiera de las imágenes, esta última recibió capacitación sobre cómo buscar su consentimiento informado y sus responsabilidades con respecto a este tema. También se distribuyeron formularios de consentimiento apropiados. No se han publicado ni utilizado imágenes reconocibles en este proyecto sin haber sido vistas por las mismas personas fotografiadas y sin haber recibido su consentimiento por escrito. Cualquier foto que comprometiera la dignidad de los participantes fue destruida y se impartió capacitación a las fotógrafas para garantizar un enfoque respetuoso del encuadre y la discusión de las imágenes.

El proceso de fotovoz proporcionó diferentes tipos de datos: las fotografías en sí, los debates sobre las fotografías grabadas en audio y, en algunos casos, las reflexiones escritas de las participantes. Los datos fueron grabados y transcritos, y la información anonimizada cuando fue solicitada por las participantes. Se exigió a todas las participantes que firmaran una cláusula de confidencialidad para que la información discutida durante los talleres y sobre las personas fotografiadas permaneciera anónima en la medida de lo

posible. Para salvaguardar los derechos, utilizamos los datos personales mínimos necesarios guiados por los derechos de protección de datos para que el resultado de la investigación fuera fiable y preciso.

Todos los protocolos y aplicaciones éticas observaron los principios éticos nacionales de investigación en Ciencias Humanas y Sociales, establecidos por la Resolución del Consejo Nacional de Salud no. 466 de 12 de diciembre de 2012, en Brasil, así como los requeridos por el Consejo de Investigación Económica y Social y la Universidad de Southampton, en el Reino Unido.

Behind-the-scenes photos

Detrás de las cámaras

BEHIND-THE-SCENES PHOTOS

Photographs taken during the workshops and focus groups, by Aline Fidelix and Lary Gaynett.

Fotografías tomadas durante los talleres y grupos focales, por Aline Fidelix y Lary Gaynett.

MOVING FORWARD SALIR ADELANTE

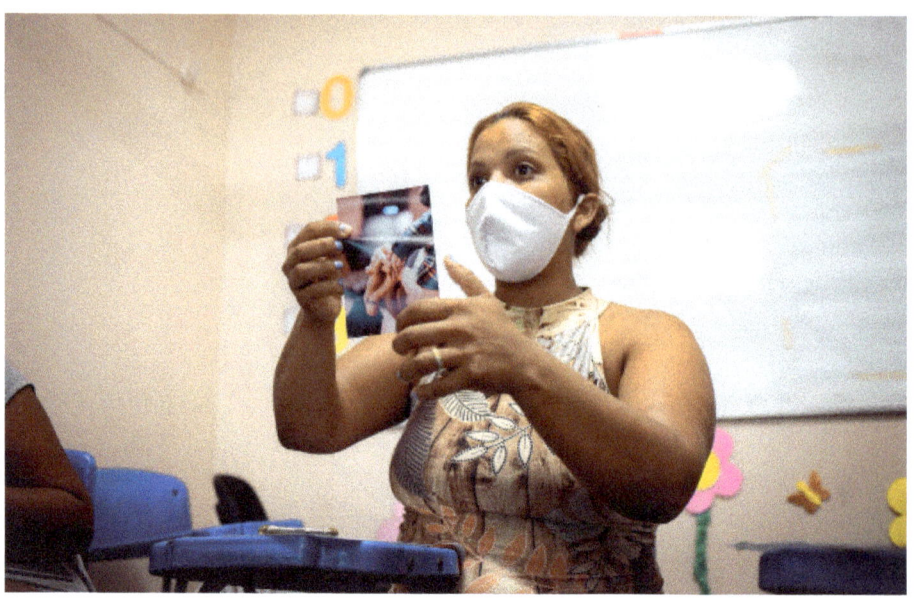

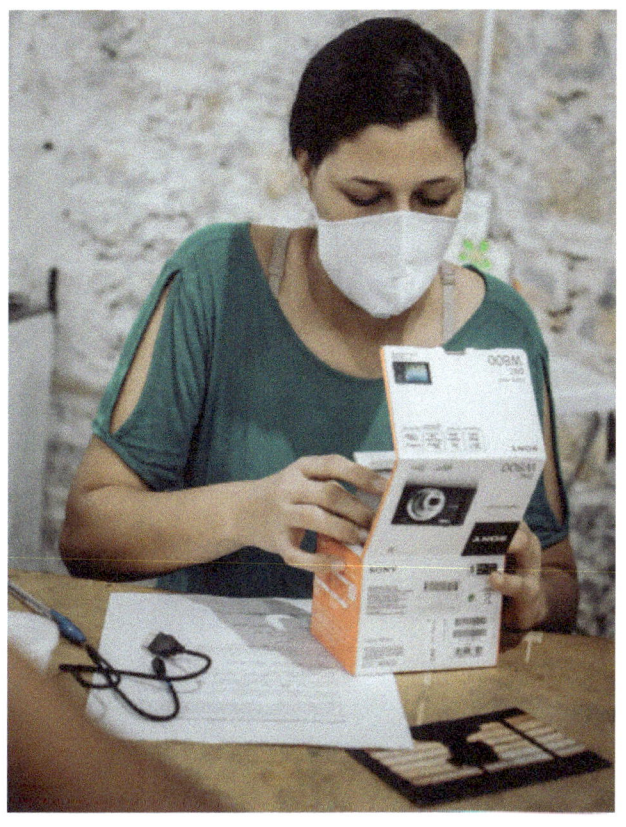

MOVING FORWARD / SALIR ADELANTE

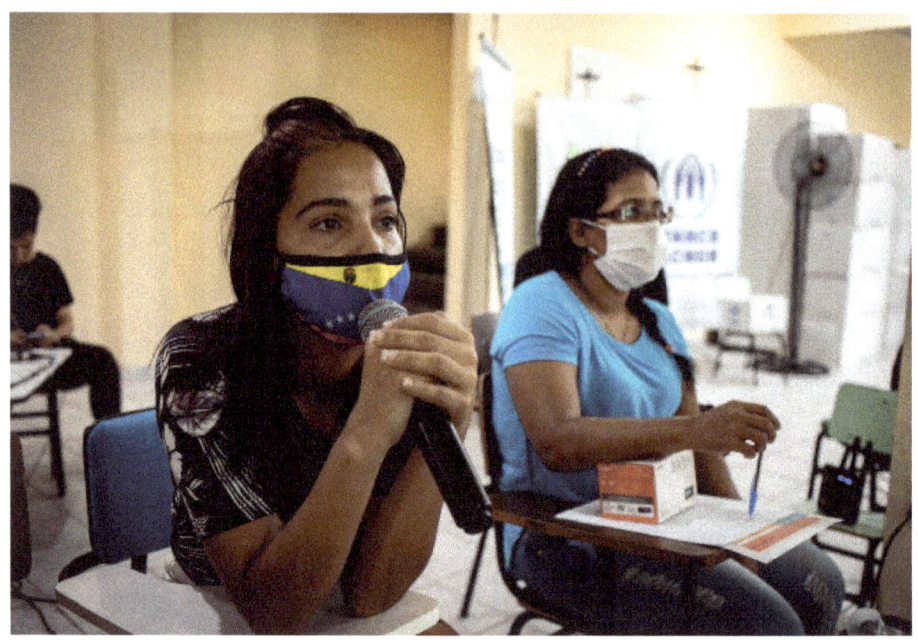

Endnotes

Notas finales

ENDNOTES

1. Travelling by 'trochas' requires walking on alternative, non-urbanized paths through jungle and mountains and using 'trocheros' [italics] (smugglers), who engage in illegal migrant trafficking. (See Chapter 2)
2. The Consejo Tutelar can appeal to Article 5 of the Child and Adolescent Statute (ECA) of Brazilian Federal Law (1990, no.8069) which states that 'No child or adolescent will be the object of any form of negligence, discrimination, exploitation, violence, cruelty, or oppression, punishing according to the law any attack, by action or omission, on their fundamental rights.'
3. The phrases 'ni una menos' (not one woman less) and 'ni una más' (not one woman more) are both used in the contemporary feminist movement in Latin America to refer to the unacceptability of feminicide, and the movement's demands to end feminicide and the impunity which surrounds it.
4. LGBTQIA+ stands for lesbian, gay, bisexual, transgender, queer, intersex, asexual, and more. These terms are regularly being updated within the LGBTQIA+ community.
5. Law number 2848/1940 and Brazilian Supreme Court decision ADPF 54.
6. Geysy Rodríguez is a Venezuelan social worker who's lived in Brazil for the last 16 years. She supported the photovoice team during the workshops with the Warao women in the shelter Tarumã Açu II, where she worked at the time in social care.
7. International Covenant on Economic, Social and Cultural Rights, (1966), Article 12; Convention on the Elimination of Discrimination Against Women (1979), Article 12; International Convention on the Elimination of Racial Discrimination (1965), Article 5(e)(iv); Convention on the Rights of the Child (1989), Article 24.
8. Ibid.

1. *Viajar en trocha significa caminar por vías (alternativas, secundarias, solitarias) destapadas y no urbanizadas que pasan por zonas de selva y montaña, y usar 'trocheros' (traficantes) quienes se dedican a la trata de seres humanos y la explotación económica de los migrantes. (Vea Capítulo 3)*
2. *El Consejo Tutelar puede apelar al Artículo 5 del Estatuto del niño y del adolescente de la ley federal brasileña (1990, n. 8069) que establece que 'Ningún niño o adolescente será objeto de ninguna forma de negligencia, discriminación, explotación, violencia, crueldad u opresión, sancionando conforme a la ley cualquier atentado, por acción u omisión, a sus derechos fundamentales'.*
3. *Las frases 'ni una menos' y 'ni una más' se utilizan en el movimiento feminista contemporáneo en América Latina para referirse a la inaceptabilidad del feminicidio y las demandas del movimiento para terminar con él y la impunidad que lo rodea.*
4. *Las siglas LGBTQIA+ indican a las personas lesbianas, gays, bisexuales, transgéneros, queers, intersex y asexuales, entre otras. Estos términos se actualizan periódicamente dentro de la comunidad LGBTQIA+.*
5. *Ley número 2848/1940 y sentencia ADPF 54 del Supremo Tribunal Federal de Brasil*
6. *Geysy Rodríguez es asistente social venezolana. Vive en Brasil desde hace 16 años. Apoyó al equipo fotovoz durante los talleres con mujeres Warao en el centro de acogida Tarumã Açu II, donde ella trabaja en aquel momento como asistente social.*
7. *Pacto Internacional de derechos económicos, sociales y culturales (1966), artículo 12; Convención sobre la eliminación de la discriminación contra la mujer (1979), artículo 12; Convención internacional sobre la eliminación de la discriminación racial (1965), artículo 5(e)(iv); Convención sobre los derechos del niño (1989), artículo 24.*
8. *Ibid.*

Bibliography

Bibliografía

BIBLIOGRAPHY

Achiume, T. (2019) 'Migration as Decolonization', Stanford Law Review 71: 1509–1574 <https://blogs.law.columbia.edu/abolition1313/files/2020/08/Migration-as-Decolonization.pdf> [accessed 28 October 2022].

Ahmed, S. (2017) Living a Feminist Life, Durham, NC: Duke University Press.

Amnesty International (2018) 'Fleeing the Country to Give Birth: The Exodus of Pregnant Venezuelan Women' [website] <https://www.amnesty.org/en/latest/news/2018/05/huir-para-ver-la-luz-el-exodo-de-las-embarazadas-venezolanas> [accessed 15 November 2021].

Araújo, N.M. (2021) 'Country Fiche Brazil' [report] The Asile Project <www.asileproject.eu/wp-content/uploads/2021/03/Country-Fiche_BRAZIL_Final_Pub.pdf> [accessed 10 March 2022].

Barot, S. (2017) 'In a State of Crisis: Meeting the Sexual and Reproductive Health Needs of Women in Humanitarian Situations', Guttmacher Policy Review 20: 24–30.

Brumat, L. and Freier, F. (2020) 'South American De Jure and De Facto Refugee Protection: Lessons from the South' [website] The Asile Project <www.asileproject.eu/south-american-de-jure-and-de-facto-refugee-protection> [accessed 15 November 2021].

Brumat, L. and Finn, V. (2021) 'Mobility and Citizenship During Pandemics: The Multilevel Political Responses in South America', Partecipazione e conflitto 14: 322–340 <https://hdl.handle.net/1814/72604>.

CARE International (2020) 'An Unequal Emergency: CARE Rapid Gender Analysis of the Refugee and Migrant Crisis in Colombia, Ecuador, Peru and Venezuela' [report] <www.care.org.ec/wp-content/uploads/2020/08/ENG_LAC_Regional_VZ_RGA_FINAL_compressed.pdf>.

Centro de los Objetivos de Desarrollo Sostenible para América Latina (CODS) (2021) 'Perspectivas de la Salud en Venezuela: Insumos para el Debate de una Agenda de Investigación' [website] <https://cods.uniandes.edu.co/perspectivas-de-la-salud-en-venezuela-insumos-para-el-debate-de-una-agenda-de-investigacion> [accessed 11 February 2022].

Christian, J.M. and Dowler, L. (2019) 'Slow and Fast Violence: A Feminist Critique of Binaries', ACME: An International Journal for Critical Geographies 18: 1066–1075.

Coemans, S. and Hannes, K. (2017) 'Researchers under the Spell of the Arts: Two Decades of Using Arts-Based Methods in Community-Based Inquiry with Vulnerable Populations', Educational Research Review 22: 34–49 <https://doi.org/10.1016/j.edurev.2017.08.003>.

Doocy, S., Page, K.R., de la Hoz, F., Spiegel, P. and Beyrer, C. (2019) 'Venezuelan Migration and the Border Health Crisis in Colombia and Brazil', Journal on Migration and Human Security 7: 79–91 <https://doi.org/10.1177/2331502419860138>.

Dutta, D., Martínez Franzoni, J., Morgan, R. and Pearson, R. (2021) 'Unpaid Care Work and Covid-19: A Missed Opportunity to Recognise, Value and Take Action?' [Webinar] Interdisciplinary Global Development Centre <www.youtube.com/watch?v=PX-ibMN8Vy8> [accessed 20 March 2021].

Evans-Agnew, R.A. and Rosemberg, M.S. (2016) 'Questioning Photovoice Research: Whose Voice?', Qualitative Health Research 26: 1019–1030 <https://doi.org/10.1177/1049732315624223>.

Freedman, J. (2014) 'Treating Sexual Violence as a "Business": Reflections on National and International Responses to Sexual and Gender-Based Violence in the Democratic Republic of Congo', Gendered Perspectives on Conflict and Violence: Part B: 125–143 <https://doi.org/10.1108/S1529-21262014000018B009>.

Freedman, J. (2015) Gendering the International Asylum and Refugee Debate, 2nd edn, Basingstoke: Palgrave Macmillan.

Freedman, J. (2016) 'Sexual and Gender-Based Violence Against Refugee Women: A Hidden Aspect of the Refugee "Crisis"', Reproductive Health Matters 24: 18–26 <https://doi.org/10.1016/j.rhm.2016.05.003>.

Gil, S. (2017) 'Obstetric Violence and Human Rights in Brazil: What Happened, Mrs. Adelir de Goés?', London School of Economics [blog] <https://blogs.lse.ac.uk/humanrights/2017/02/06/obstetric-violence-and-human-rights-in-brazil-what-happened-mrs-adelir-de-goes/> [accessed: 11 February 2022].

Guerra, K. and Ventura, M. (2017) 'Bioética, Imigração e Assistência à Saúde: Tensões e Convergências sobre o Direito Humano à Saúde no Brasil na Integração Regional dos Países', Cadernos Saúde Coletiva 25: 123–29 <https://doi.org/10.1590/1414-462X201700010185>.

Grugel, J., Barlow, M., Lines, T., Giraudo, M.E. and Omukuti, J. (2022) The Gendered Face of Covid-19: The Development, Gender and Health Nexus in the Global South, Bristol: University of Bristol Press.

Hammoud-Gallego, O. and Freier, L. (2022) 'Symbolic Refugee Protection: Why Latin America Passed Progressive Refugee Laws Never Meant to Use', London School of Economics [blog] <https://blogs.lse.ac.uk/latamcaribbean/2022/10/06/refugee-protection-latin-america-refugee-laws-never-used/> [accessed 1 November 2022].

Harcourt, W. (2016) The Palgrave Handbook of Gender and Development, London: Palgrave Macmillan.

Herrero-Arias, R., Hollekim, R., Haukanes, H. and Vagli, A. (2021) 'The Emotional Journey of Motherhood in Migration: The Case of Southern European Mothers in Norway', Migration Studies 9: 1230–1249 <https://doi.org/10.1093/migration/mnaa006>.

Htun, M. and Power T. (2006) 'Gender, Parties, and Support for Equal Rights in the Brazilian Congress', Latin American Politics and Society 48: 83-104 <https://doi.org/10.1111/j.1548-2456.2006.tb00366.x>.

International Rescue Committee (2022) 'What is Happening in Venezuela?' [website] <https://www.rescue.org/article/what-happening-venezuela> [accessed 28 October 2022].

Jeffery, L., Palladino, M., Rotter, R. and Woolley, A. (2019) 'Creative Engagement with Migration', Crossings: Journal of Migration and Culture 10: 3-17 <https://doi.org/10.1386/cjmc.10.1.3_1>.

Jubilut, L. (2007) O Direito Internacional Dos Refugiados e sua Aplicação no Ordenamento Jurídico Brasileiro, São Paulo: Método.

Jubilut, L. and Silva, J.C.J. (2020) 'COVID-19 at the Brazil-Venezuela Borders: The Good, the Bad and the Ugly', Open Democracy [website] <www.opendemocracy.net/en/pandemic-border/covid-19-brazil-venezuela-borders-good-bad-and-ugly/> [accessed 12 March 2022].

Kinouani, G. (2016) 'Since I Gave You a Phone It's Not Rape', Open Democracy [website] <www.opendemocracy.net/en/5050/since-i-gave-you-phone-it-s-not-rape/> [accessed 1 February 2022]

Do Carmo Leal, M., Nogueira da Gama, S.G., Esteves Pereira, A.P., Eufrauzino Pacheco, V., Nascimento do Carmo, C. and Ventura Santos, R. (2017) 'A Cor da Dor: Iniquidades Raciais na Atenção Pré-natal e ao Parto no Brasil', Caderno do Saúde Pública 33: 1-17 <https://doi.org/10.1590/0102-311X00078816>.

Leite, T.H., Souza Marques, E., Esteves Pereira, A.P., Fisher Nucci, M., Portella, Y. and do Carmo Leal, M. (2022) 'Disrespect and Abuse, Mistreatment and Obstetric Violence: A Challenge for Epidemiology and Public Health in Brazil', Ciência & Saude Coletiva 27: 483–491 <https://doi.org/10.1590/1413-81232022272.38592020>.

Makuch, M.Y., D. Osis, M.J., Brasil, C. de Amormim, H.S.F. and Bahamondes, L. (2021) 'Reproductive Health Among Venezuelan Migrant Women at the North Western Border of Brazil: A Qualitative Study' Journal of Migration and Health 4:1-8 <https://doi.org/10.1016/j.jmh.2021.100060>.

Mayblin, L. and Turner, J. (2021) Migration Studies and Colonialism, Cambridge, UK: Polity Press.

Mayo Hernández, R. (2010) Reconstrucción Etnohistórica de Mosú, Pueblo Warao del Estado Monagas: Propuesta para su Revitalización Cultural Parte 2 [Online essay] <http://bdigital.ula.ve/storage/pdf/33579.pdf> [accessed 12 March 2022].

BIBLIOGRAPHY

Mello, P.C. (2021) 'Number of Homeless Venezuelan Refugees Explodes on Brazilian Border', Folha de S.Paulo [newspaper] <https://www1.folha.uol.com.br/internacional/en/world/2021/09/number-of-homeless-venezuelan-refugees-explodes-on-brazilian-border.shtml> [accessed 10 March 2022].

Menjívar, C. and Walsh, S.D. (2017) 'The Architecture of Feminicide: The State, Inequalities, and Everyday Gender Violence in Honduras', Latin American Research Review 52: 221–240 <https://doi.org/10.25222/larr.73>.

Moulin, C. and Magalhães, B. (2020) 'Operation Shelter as Humanitarian Infrastructure: Material and Normative Renderings of Venezuelan Migration in Brazil', Citizenship Studies 24: 642–662.

Office of the High Commissioner for Human Rights (OHCHR) (2019) 'Human Rights in the Bolivarian Republic of Venezuela: Report of the United Nations High Commissioner for Human Rights on the Situation of Human Rights in the Bolivarian Republic of Venezuela' [document] <https://www.ohchr.org/EN/HRBodies/HRC/RegularSessions/Session41/Documents/A_HRC_41_18.docx> [Accessed 22 November 2021].

De Oliveira, G.A.G. (2019) 'Use of the Brazilian Military Component in the Face of Venezuela's Migration Crisis', Military Review [online magazine] <https://www.armyupress.army.mil/Journals/Military-Review/English-Edition-Archives/May-June-2019/> [accessed 12 March 2022].

O'Neill, M. (2011) 'Participatory Methods and Critical Models: Arts, Migration and Diaspora', Crossings: Journal of Migration and Culture 2: 13–37 <https://doi.org/10.1386/cjmc.2.13_1>.

Owen, D. (2020) What Do We Owe to Refugees?, Cambridge, UK; Medford, MA: Polity.

Oxfam (2020) 'Time to Care: Unpaid and Underpaid Care Work and the Global Inequality Crisis' [report] <https://policy-practice.oxfam.org/resources/time-to-care-unpaid-and-underpaid-care-work-and-the-global-inequality-crisis-620928/> [accessed 13 June 2021].

Pan American Health Organization (2019) 'Technical Brief: Gender Equality in Addressing the Causes and Consequences of the Health of Migrant Women' [Report] <https://www.paho.org/en/file/52001/download?token=sY8NUd1y> [accessed 15 November 2021].

Pineros-Leano, M., Yao, L., Yousuf, A. and Oliviera, G. (2021) 'Depressive Symptoms and Emotional Distress of Transnational Mothers: A Scoping Review', Frontiers in Psychiatry 12: 1–12 <https://doi.org/10.3389/fpsyt.2021.574100>.

La Plataforma de Coordinación Interagencial para Refugiados y Migrantes (R4V) (2022) 'RV4 Latin America and the Caribbean, Venezuelan Refugees and Migrants in the Region' [Report] <https://r4v.info/en/document/r4v-latin-america-and-caribbean-venezuelan-refugees-and-migrants-region-february-2022> [accessed 17 March 2022].

Rai, S.M., Hoskyns, C. and Thomas, D. (2014). 'Depletion: The Cost of Social Reproduction', International Feminist Journal of Politics 16: 86–105 <https://doi.org/10.1080/14616742.2013.789641>.

Republica Bolivariana de Venezuela (2014) 'Ley Orgánica Sobre el Derecho de las Mujeres a una Vida Libre de Violencia', Gaceta Oficial No. 40.548 [website] <https://oig.cepal.org/sites/default/files/2014_ven_feminicidio_ley_organica_sobre_derecho_de_mujeres_a_una_vida_libre_de_violencia_25_11_14-1.pdf> [accessed 28 October 2022].

Riggirozzi, P. (2021) 'Everyday Political Economy of Human Rights to Health: Dignity and Respect as an Approach to Gendered Inequalities and Accountability', New Political Economy 26: 735–747 <https://doi.org/10.1080/13563467.2020.1841144>.

Rosa, M. (2020) 'A mobilidade Warao no Brasil e os Modos de Gestão de uma População em Trânsito: Reflexões a Partir das Experiências de Manaus-AM e de Belém-PA' [PhD Thesis] Universidade Federal do Rio de Janeiro, Museu Nacional.

Thambinathan, V. and Kinsella, E.A. (2021) 'Decolonizing Methodologies in Qualitative Research: Creating Spaces for Transformative Praxis', International Journal of Qualitative Methods 20: 1–9 <https://doi.org/10.1177/16094069211014766>.

True, J. (2012) The Political Economy of Violence against Women, Cary: Oxford University Press.

United Nations Population Fund (UNFPA) (2016) 'Refugees' and Migrants' Reproductive Health Needs Overlooked' [webiste] https://arabstates.unfpa.org/en/news/refugees%E2%80%99-and-migrants%E2%80%99-reproductive-health-needs-overlooked> [accessed 1 March 2022].

United Nations Children's Fund (UNICEF) (2021) Maternal Mortality [Online] <https://data.unicef.org/topic/maternal-health/maternal-mortality/> [accessed 11 February 2022].

United Nations Refugee Agency (UNHCR) (2021) 'Os Warao No Brasil' La Agencia de la ONU para los Refugiados (ACNUR) [report] <www.acnur.org/portugues/wp-content/uploads/2021/04/WEB-Os-Warao-no-Brasil.pdf> [accessed 1 July 2021].

UNHCR (2018) 'Venezuela Situation: Responding to the Needs of People Displaced from Venezuela' [report] <www.unhcr.org/5ab8e1a17.pdf> [accessed 13 February 2022].

Valdez, E.S., Valdez, L.A. and Sabo, S. (2015) 'Structural Vulnerability Among Migrating Women and Children Fleeing Central America and Mexico: The Public Health Impact of "Humanitarian Parole"', Frontiers in Public Health 3: 163, pp. 1–8 <https://doi.org/10.3389/fpubh.2015.00163>.

Vanyoro, K.P., Hadj-Abdou L. and Dempster, H. (2019) 'Migration Studies: From Dehumanising to Decolonising', London School of Economics [blog] <https://blogs.lse.ac.uk/highereducation/2019/07/19/migration-studies-from-dehumanising-to-decolonising/> [accessed 11 February 2022].

Velez, E.D. and Tuana, N. (2020) 'Toward Decolonial Feminisms: Tracing the Lineages of Decolonial Thinking through Latin American/Latinx Feminist Philosophy', Hypatia 35: 366–372 <https://doi.org/10.1017/hyp.2020.26>.

Vergara-Figueroa, A. (2018) Afrodescendant Resistance to Deracination in Colombia: Massacre at Bellavista-Bojaya-Chocó, Cham: Palgrave Macmillan.

Wang, C. and Burris, M.A. (1997) 'Photovoice: Concept, Methodology, and Use for Participatory Needs Assessment', Health Education & Behavior 2: 369–387 <https://doi.org/10.1177/109019819702400309>.

Weissman, A.L. and Hall, L.B. (2020). 'The Global Politics of Maternality' in Hall, L.B., Weissman, A.L. and Shepherd, L.J. (eds.), Troubling Motherhood: Maternality in Global Politics, pp. 1–14, New York: Oxford University Press.

Wilbert, W. and Lafée-Wilbert, C.A. (2011), 'Fitoterapia Warao: Fundamentos Teóricos' in Freire, G. (ed.), Perspectivas en Salud Indígena: Cosmovisión, Enfermedad y Políticas Públicas, pp. 307–326, Quito, Ecuador: Ediciones Abya-Yala.

World Health Organization (WHO) (2021) 'Gender-Based Violence is a Public Health Issue: Using a Health Systems Approach' [website] <https://www.who.int/news/item/25-11-2021-gender-based-violence-is-a-public-health-issue-using-a-health-systems-approach> [accessed 20 February 2022].

Zapata, G.P. and Tapia Wenderoth, V. (2021) 'Progressive Legislation but Lukewarm Policies: The Brazilian Response to Venezuelan Displacement', International Migration 00: 1–20 <https://doi.org/10.1111/imig.12902>.

www.ingramcontent.com/pod-product-compliance
Ingram Content Group UK Ltd.
Pitfield, Milton Keynes, MK11 3LW, UK
UKHW060455150426
5217IPUK00027B/2078